W0105484

L•E•O

BRANDILYN TEBO

JETZT IST GUT!

FREIHEIT UND GELASSENHEIT FÜR PERFEKTIONISTEN

Übersetzt aus dem Englischen
von Jochen Lehner

L·E·O

L·E·O Verlag ist ein Imprint der Scorpio Verlag GmbH & Co. KG.

Copyright © 2018 by Brandilyn Tebo
Published by arrangement with the original publisher
B.C. Allen Publishing and Tonic Books, Portland, OR, USA
Titel der amerikanischen Originalausgabe: *The Achievement Trap.*
The Over-Achiever, People-Pleaser & Perfectionist's Guide to Freedom & True Success
© der deutschen Ausgabe 2019 by L·E·O Verlag
in der Scorpio Verlags GmbH & Co. KG, München
Umschlaggestaltung: Guter Punkt, München
Layout & Satz: Robert Gigler, München
Druck und Bindung: Pustet, Regensburg
ISBN 978-3-95736-131-8
Alle Rechte vorbehalten.

INHALT

VORWORT

In unserer Gesellschaft geht ein Märchen um, und dieses Märchen bringt uns um. Es geht so: »Wenn das und das eintritt, ja, dann bin ich glücklich.« Wie oft am Tag denkst du so? Fortwährend hängen wir an dem Glauben, dass wir endlich glücklich sein können, wenn wir dieses Mädchen/diesen Typen an Land ziehen, unseren Job hinschmeißen, die Scheidung hinter uns bringen, ordentlich Geld verdienen, das Haus verkaufen, den teuren Wagen besitzen, uns ein Gläschen einschenken und so weiter. Vielleicht blätterst du gerade jetzt beim Lesen vor, um zu sehen, wie lang dieses Vorwort ist – und redest dir ein, dass du, wenn du es gelesen hast, vielleicht glücklich bist. Wir fühlen so, auch wenn es aus unserer Vergangenheit zahllose Gegenbeispiele gibt, die belegen, dass wir immer, wenn etwas erreicht ist, gleich das nächste Ziel anpeilen.

Ich hatte das Glück, viele meiner Kindheitsträume verwirklichen zu können, und dafür bin ich sehr dankbar. Ich bin Stand-up-Comedian geworden, habe in Kinohits gespielt, hatte sagenhafte Beziehungen und verdiente wirklich gut mit dem, was ich gerne mache. Dummerweise haben mich alle diese Erfolge immer mehr bedrückt. Je mehr ich von dem bekam, was ich wollte, desto mehr nahm der Stress zu. Der Glaube, all diese

Errungenschaften machten mein Glück aus, bedeutete für mich anscheinend so eine Art Verpflichtung, dafür zu sorgen, dass sie mir erhalten blieben. Sie machten nämlich jetzt meine Identität aus, und wenn sie verloren gingen, war ich womöglich gar nicht mehr da. Also arbeitete ich immer mehr und verbuchte immer weitere Erfolge – nur dass ich irgendwie keine Freude daran hatte. Ich war erschöpft. Es hätte ein schöner Traum sein können, aber in Wirklichkeit ging es mir dreckig.

Bei Drogen-, Alkohol-, Porno- und Zigarettenkonsum handelt es sich um verschiedene Suchtformen, darüber sind wir uns einig. Aber kaum je wird thematisiert, dass unser Leistungs- und Erfolgsstreben eine in unserer Gesellschaft weitverbreitete, aber schwer zu erkennende Sucht ist. Als mir das irgendwann klar wurde, machte ich Schluss damit. An dem Tag hörte ich auf, woanders sein zu wollen, und erst von da an habe ich wirklich gelebt. Ich begriff, dass ich genügte, wie ich war. Dass auch sonst alles gut genug war. Dass ich keinen Beifall brauchte, um mich gut zu fühlen. Dass ich nicht besser sein musste als irgendwer sonst. Ich konnte sein, wie ich wollte: Ich konnte ich selbst sein.

Alles änderte sich, als ich den alten Glaubenssatz umkrempelte und diesen daraus machte: »Wenn ich glücklich bin, werden sich die Dinge fügen.« Von jetzt an kam es darauf an, mich selbst unter allen Umständen okay zu finden. Als es immer besser gelang, mit mir und meinen Gefühlen einverstanden zu sein, lernte ich wahre Zufriedenheit kennen. Ich fand heraus, dass es kein »anderswo« gibt, das zu suchen wäre, und dass ich nur diesen Augenblick habe. Die Erleichterung war immens.

Und seltsam, je zufriedener ich mit mir selbst bin, desto eher fügen sich die Dinge einfach so. Je mehr wir in uns selbst ruhen, desto wohler fühlen sich andere in unserer Nähe. Wenn wir mit unserem Herzen verbunden sind, wollen die Leute uns einfach um sich haben. Auch unserer Kreativität gibt das eine Menge Auftrieb. Damit will ich sagen: Mehr und mehr geschieht von selbst, wenn du nicht mehr so viel zu erreichen versuchst. Wirklich, so vieles möchte sich für dich fügen, du musst dir nur selbst aus dem Weg gehen und die Dinge passieren lassen.

Keine Blume strengt sich an zu blühen, kein Hund zu bellen, und die Sonne kostet es keine Mühe zu scheinen. Sie *sind* einfach nur das, was sie ihrer Natur nach sind. Jenseits der Sucht, unseren nie endenden Ego-Wünschen zu entsprechen, verfügen wir über ganz eigene Kräfte und Fähigkeiten. Und das Herz macht einen besseren Job als unser Ego.

Brandilyn Tebo hat mir erzählt, um was es in ihrem Buch geht. Das hat mich richtig erfreut. Ich finde es schön, dass immer mehr Leute erfahren werden, wie man auf gutem Fuß mit sich selbst stehen kann. Mich begeistert der Gedanke, dass Brandilyn es mit ihren tiefen Wahrheiten vielen Menschen ermöglicht, sich aus der »Leistungsfalle« zu befreien. Sie hat es erstaunlich gut drauf, ihre eigene Wahrheit zum Vorschein zu bringen, und tut damit die *eigentliche Arbeit*.

Es ist nicht einfach, sich dem eigenen Mist zu stellen, und nicht viele sind dazu bereit. Deshalb gehört Brandilyn zu meinen Helden. Sie ist total authentisch und hat wirklich etwas zu sagen. Nimm dir Zeit für die Lektüre dieses Buchs. Du musst nirgendwo anders sein. Mit diesem Geschenk, das Brandilyn uns macht, erweitert sie unser Bewusstsein und führt uns näher an das heran, was wir eigentlich sind.

Viel Spaß!
Kyle Cease

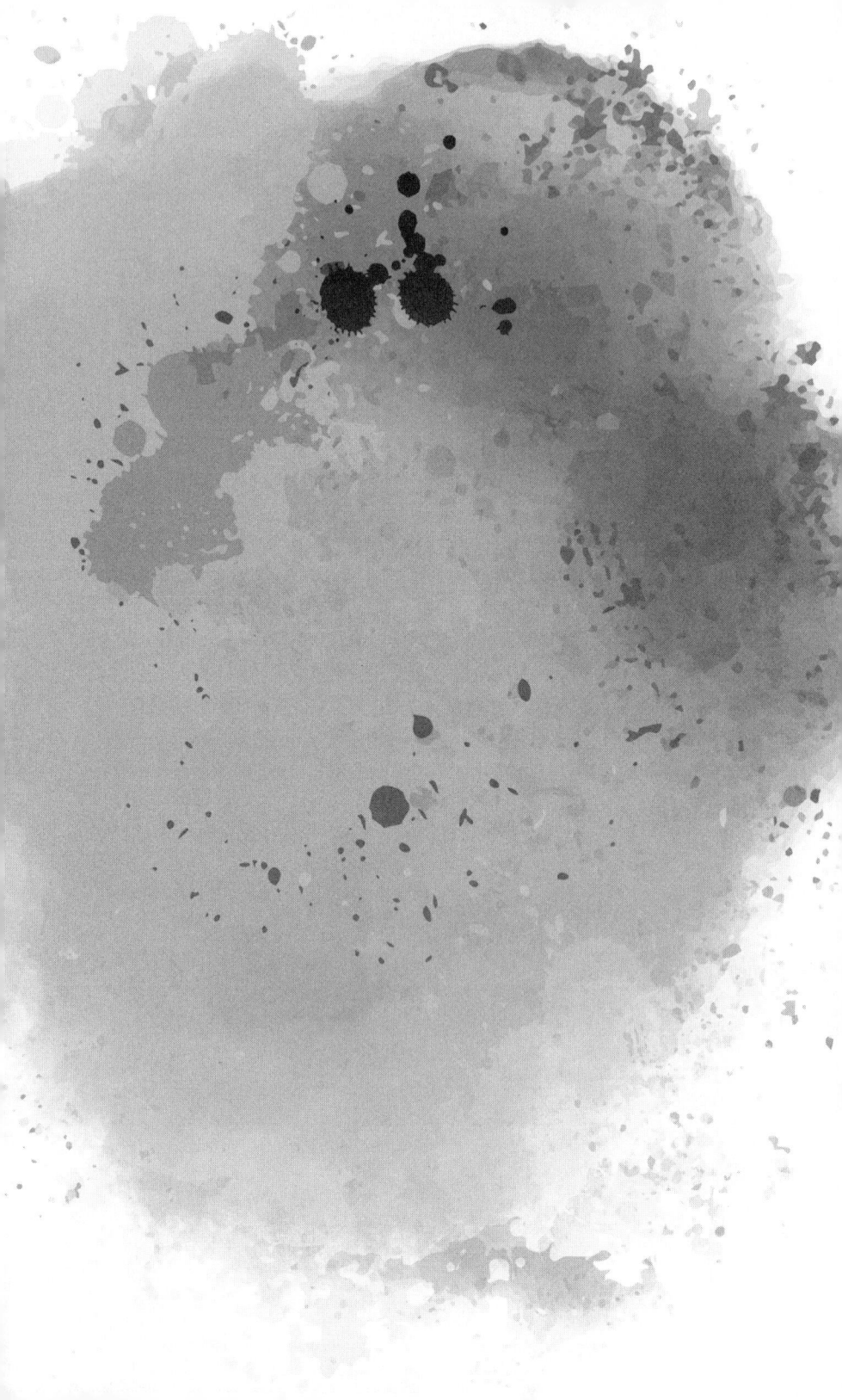

EINLEITUNG

Vier Uhr früh. Ich war die Letzte in der Ruhezone der College-Bibliothek. Zehn Stunden saß ich jetzt vor dem Bildschirm, die Augen waren so trocken, dass die Kontaktlinsen schon aushärten wollten. Zum ungefähr zwölften Mal las ich meinen Essay »Machthierarchien und die Rechtfertigung von Gewaltanwendung«. *Alles muss stimmen*, dachte ich. *Ich habe seit der dritten Klasse immer Einser gehabt und kann jetzt unmöglich patzen.*

Diese Korrekturarbeit hatte ich bis zur letzten Minute aufgeschoben, weil ich am Montag und Dienstag dieser Woche meinem Job auf dem Markt nachgegangen war. Mittwoch nach den Uni-Kursen hatte ich meinen Tierschutzclub zum Essen eingeladen. Freitag und Samstag arbeitete ich als Model, wofür ich nach San Francisco geflogen war. Wie immer hatte ich die ganze Woche über die Sprechstunden meiner Profs frequentiert, um noch Fragen zu meiner Arbeit zu stellen. Und jeden Tag war ich im Fitnessstudio. Ich hätte meinen Essay also zu keiner anderen Zeit schreiben können. Trotzdem dachte ich: *Es gibt keine Ausreden für Unvollkommenes.* Mein Körper war fix und fertig, aber ich spürte das kaum noch. Zu wenig zu essen, zu wenig Schlaf, zu wenig Gespür für mich – ich fühlte mich eher wie ein Zombie. Den Burn-out betäubte ich mit meiner Magersucht, meiner Sucht nach Aktionismus, Stress, Sport und vor allem nach Bestätigung von außen.

Während ich mich abmühte, die letzten Schreibfehler aufzuspüren und Überflüssiges auszumerzen, fing mein Magen hörbar an zu knurren. Seit sechs Uhr hatte ich nichts mehr gegessen, um mein Kalorienkonto nicht zu überziehen. Eigentlich war ich bereits stark untergewichtig, aber für meinen Geschmack doch noch nicht dünn genug. Genauso bekam ich im Studium immer nur Bestnoten, wurde von meinen Professoren gelobt, gewann Preise für herausragende Leistungen und hatte doch nie das Gefühl, gut genug zu sein. Alles Gelungene nahm ich einfach nicht wahr, ich hatte immer nur das im Blick, was noch fehlte.

Ich wusste es noch nicht, aber ich steckte bereits tief in der Leistungsfalle. Ich machte mir nichts als Stress mit allem, was ich noch erreichen und wo ich noch richtig gut werden musste. Und dieser Stress wegen all der Dinge, die ich zu tun hatte, war auf ganz schräge Art irgendwie tröstlich. Unterbewusst nahm ich wohl an, dass ich ohne Superstress, ohne Produktivität am Rande des Menschenmöglichen nicht mehr liebenswert und folglich überhaupt wertlos sein würde. Der bloße Gedanke, andere könnten mich möglicherweise für nicht aktiv genug, erfolgreich genug, gut genug halten, entsetzte mich. Als Faulpelz, Schwächling oder Versagerin gesehen zu werden – für mein Ego war das der Tod.

Ich fühlte mich erst sicher, wenn meine To-do-Liste randvoll war. Wenn mir alles über den Kopf wuchs, nur dann hatte ich das Gefühl, dass alles seine Ordnung hatte und ich in Sicherheit war. Außer einer Essstörung hatte ich also auch noch eine Leistungsstörung, und die beruhte auf der Überzeugung, dass ich mit Freizeit nur meine Anlagen und Begabungen verplemperte.

Ich quantifizierte meinen Wert anhand meines Gewichts und meiner Leistungen. Mein eigenes Denken hielt mich als Geisel. Es wiederholte wie eine zerkratzte Schallplatte endlos und bis zum Wahnsinn immer die gleichen Fragen: »Tu ich genug?«, »Mach ich es richtig?«, »Bin ich gut genug?«

Heute erkenne ich, dass einen die Leistungsfalle zu einer Art Sisyphusarbeit verdammt: ewige Schufterei in dem sinnlosen Bemühen, Bestätigung zu finden. Unseren Wert beweisen – Tag für Tag wälzen wir diesen Stein bergauf. Immer, wenn etwas gelingt oder erreicht ist, sonnen wir uns für Sekunden in dem Gefühl, genug getan zu haben, um gleich darauf hilflos mit anzusehen, wie der Stein wieder zu Tal rollt und unsere Errungenschaften uns nichts mehr bedeuten. Dann fangen wir wieder von vorne an, uns beweisen zu müssen. Das ist so zwanghaft geworden, dass wir uns ein wirklich schönes Leben nicht mehr zugestehen. Wir selbst verweigern uns die Erlaubnis, unser Leben in vollen Zügen zu genießen. Wir glauben, dass wir uns erst richtig gut fühlen können, wenn wir dieses eine weitere Ziel noch erreichen.

Das ist die Leistungsfalle. Ich geh mal davon aus, dass auch du in ihr gefangen bist, schließlich liest du ja dieses Buch. Aber Kopf hoch, du musst nicht länger in diesem unbefriedigenden Leben bleiben und Erfolgen nachrennen, von denen du dir versprichst, dass sie dich vollständig machen. Es gibt auch Ziele, die einen echt begeistern. Ziele, die deinem authentischen Selbstausdruck entsprechen und sich nicht wie stressige und unangenehme Verpflichtungen anfühlen.

Erstaunlicherweise leisten wir deutlich mehr, sobald wir unser Selbstwertgefühl nicht mehr von unseren Leistungen abhängig machen. Kaum fällt der Stress von dir ab, schon empfindest du alles, was du erreichst, als sinnvoller und befriedigender. Du wirst kreativer, du bist neugierig, die nötige Disziplin fällt dir leicht, weil du auf einer ganz anderen Grundlage arbeitest: Freude. Du hast mehr Willenskraft. Du erreichst deine Ziele schneller denn je.

WAS DICH ERWARTET

Dieses Buch führt dich Schritt für Schritt an die Fähigkeit heran, Ziele zu entwickeln, die dich wirklich begeistern. Es ermöglicht dir herauszufinden, was du wirklich möchtest, und es gibt dir die Sicherheit, dass es dir zusteht. Dazu ein Beispiel: Eine meiner Coaching-Klientinnen hatte jahrelang versucht abzunehmen, bevor sie zu mir kam. Das war ihr oberstes Lebensziel. Wenn sie erst abgenommen hatte, davon war sie überzeugt, würde sie selbstbewusster werden, sich in ihrem Körper wohlfühlen, das Leben spannend und aufregend finden, und sie würde in der Lage sein, sich ihrem Partner gegenüber offen und ohne Scham zu zeigen.

Im Grunde nahm sie bis zu dieser erwarteten Gewichtsreduzierung nicht mehr wirklich am Leben teil. Zeigte sich die Waage an einem Tag mal gnädig, war sie ganz aufgeregt und erwartungsfroh. Aber alles in allem hatte sie ständig Stress und war von sich enttäuscht. Sie konnte sich immer weniger auf die Dinge einlassen, die ihr etwas bedeuteten. Sie hatte mit dem Malen aufgehört. Auch die Wanderausflüge mit ihrem Partner hatten ihr immer viel gegeben, aber jetzt war ihr nicht mehr danach, auch nur aus dem Haus zu gehen.

Nachdem ich mit ihr den Ablauf durchgespielt hatte, den ich dir in diesem Buch zeigen möchte, wurde ihr letztendlich klar, was sie davon abhielt, so zu leben, wie es ihr eigentlich vorschwebte: Es war nicht ihr Körpergewicht selbst, sondern die Tatsache, dass sie unbedingt abnehmen wollte. Von da an war sie nicht mehr davon abhängig, welches Gewicht die Waage anzeigte, um sich wertvoll zu fühlen, sondern machte sich auf die Suche nach dem Ursprung ihres Gefühls von Wertlosigkeit, um sich ganz direkt damit auseinanderzusetzen.

So fand sie die Freiheit, sich in ihrem Leben zunehmend von Inspiration und immer weniger von ihrer Scham leiten zu lassen.

Das gab ihr Zuversicht, sie fühlte sich selbstsicherer und gesünder als je zuvor und konnte sich ihrem Partner trotz des Übergewichts mehr öffnen. Sie fing wieder an zu malen, hatte wieder Lust auf abenteuerliche Wandertouren. Sie begriff, dass ihr Gewicht nicht viel mit ihrem Glück zu tun hatte und ihr Körper sein gesundes Idealgewicht schon selbst finden würde.

Der in diesem Buch dargestellte Ansatz hat bei ihr und vielen anderen funktioniert und wird auch dir etwas bringen. Zunächst geht es darum, dass wir herausfinden, welche deiner Ziele im Grunde dazu da sind, deine eigenen Zweifel an deinem Wert zu entkräften. Dann müssen wir Ziele an deren Stelle setzen, die aus dem Herzen kommen und in dem Wissen wurzeln, dass du gut genug bist.

Du brauchst nicht länger jemand zu sein, dem oder der nichts anderes bleibt, als sich von Leistung zu Leistung zu hangeln und immer mehr zu erreichen. Lass dich darauf ein, die Übungen in diesem Buch so zu machen, wie sie konzipiert sind, und du kannst dich aus der Leistungsfalle befreien.

Sei aber gewarnt: Sehr wahrscheinlich hast du (wie ich) eine Menge in den Glauben investiert, dass du Leistungen und Erfolge brauchst, um deinen Wert unter Beweis zu stellen. Deine Ich-Identität hat sich um dieses Leistungsthema herum formiert und meint jetzt, sie könne nur aufgrund deiner Errungenschaften existieren. Solltest du also eine Tendenz spüren, dich von diesem Buch abzuwenden (obwohl dir bewusst ist, dass du in der Leistungsfalle sitzt), könnte das bedeuten, dass sich dein Ego in Sicherheit bringen möchte.

Falls es dazu kommt, dass du dieses Buch weglegst, wird dich das Grundgefühl von Wertlosigkeit wohl weiterhin begleiten und dich an Ziele fesseln, die dir nicht wirklich etwas bedeuten. Du kannst der Welt dann nicht frei heraus geben, was du zu geben hast, weil du einfach alle Hände voll damit zu tun hast, zu verschleiern, dass du nicht gut genug bist.

Aber wenn du dich auf die Impulse in diesem Buch einlässt, kann ich dir versprechen, dass du eine neue Freiheit finden wirst, in der du völlig unabhängig von deinen Erfolgen oder Misserfolgen bist. Du wirst sehen, dass du mehr bist als alles, was du je leisten könntest. Deine Identität wird nicht mehr von der Meinung anderer über dich, dein Einkommen, dein Gewicht, deinen Job, deine Auszeichnungen oder deine Anhängerschaft in den sozialen Medien bestimmt sein. Nicht, dass du dann nichts mehr leisten würdest, aber du wirst nicht mehr auf Erfolge aus sein, bei denen die Außenwirkung im Vordergrund steht. Du wirst dir Ziele suchen, die dich begeistern und wirklich befriedigen.

Bevor wir jetzt loslegen, möchte ich, dass du dich zu deinen eigenen Gunsten dazu verpflichtest, dieses Buch ganz durchzuarbeiten und alle Übungen wie vorgegeben zu machen, auch wenn sie dich verunsichern oder dir unnötig oder unangenehm vorkommen. Nur dann kann ich dir zusichern, dass du die Freiheit finden wirst, von der wir hier reden.

Abgemacht?
Gut, dann los!

WIE BIN ICH DA BLOSS REINGERATEN?

Jetzt gleich einmal die kurze, ungeschönte Wahrheit darüber, wie wir in die Leistungsfalle tappen und weshalb wir uns so schwer wieder freistrampeln: Wir machen uns als unverfrorene, begierige kleine Racker auf den Weg, die sich um nichts scheren, aber irgendwie spüren, dass alles möglich ist. Weißt du noch? Und dann fahren wir die ersten richtig großen Schlappen ein: Keiner will uns beim Fußball in seiner Mannschaft haben, die Eltern trennen sich, unser erster Schwarm steht nicht auf uns, Freunde lachen uns aus.

Ohne dass es uns bewusst wäre, ziehen wir den Schluss, dass irgendetwas mit uns grundsätzlich nicht stimmen kann, wenn wir keine Geborgenheit, keine Liebe, keine Zugehörigkeit und keine Anerkennung finden können. Das ist reiner Selbstschutz. Unser Bewusstsein sieht Fehlschläge als eine Art Virus, vor dem man sich schützen muss. Wie der Körper Antikörper als Krankheitsschutz ausbildet, produziert unser Verstand negative Überzeugungen, die unser Ego vor weiteren schmerzhaften Misserfolgen bewahren sollen.

In der dritten Klasse wurde ich in Mathe einmal an die Tafel gerufen und sollte irgendeine größere Zahl durch drei teilen – von Hand! Als ich da so stand, alle Augen auf mich gerichtet, hatte ich einen mentalen Totalausfall und multiplizierte, statt zu dividieren. Ein paar der coolen Kids fingen an zu lachen. Mir war heiß und ich war rot vor Scham, als ich wieder an meinen Platz zurück ging.

In dem Moment sagte ich mir ein für alle Mal, dass ich Mathe einfach nicht kann. Das war ein unterbewusster Beschluss, mit dem ich mich gegen jedes weitere peinliche Versagen oder gegen Kritik absichern wollte. Als es im Sommer darum ging, mich für die Kurse des nächsten Schuljahrs einzutragen, wählte ich in sämtlichen Fächern Aufbaukurse – außer in Mathe. In den weiteren Schuljahren musste ich zum Ausgleich für mein mathematisches Analphabetentum in allen anderen Fächern Glanzleistungen abliefern. Unbemerkt entwickelte sich die in der dritten Klasse getroffene Entscheidung zu einer selbsterfüllenden Prophezeiung, die sich prägend auf mein ganzes weiteres Leben auswirkte.

Weil solche Beschlüsse unbewusst gefasst werden, schwelen negative Überzeugungen unter der Oberfläche und bleiben unbemerkt. Sie treiben uns an, jede Menge Zeit und Kraft aufzuwenden, um unsere vermeintlichen Schwächen auszugleichen, was doch nie gelingt. Wenn wir unsere Kompetenz einmal unter Beweis gestellt haben, sind wir gegen künftige Kränkungen gefeit – so der Gedankengang. Von da an sind unsere Leistungen so etwas wie ein Nebelschleier, der uns die eigenen Unzulänglichkeitsgefühle nicht mehr sehen lässt.

Nach außen hin tritt das Gefühl, nicht gut genug zu sein, als Ehrgeiz und Tatendrang auf, aber eigentlich handelt es sich um das mühsam kaschierte Bemühen, unseren Wert unter Beweis zu stellen. Oft haben gerade die »Zielstrebigen« tief sitzende Minderwertigkeitsgefühle. Ziele versetzen uns in die Zukunft, und da müssen wir uns dann nicht mit hinderlichen Gefühlen auseinandersetzen, die wir jetzt im Moment haben. Das Verfolgen unserer Ziele nimmt uns so in Anspruch, dass wir praktischerweise gar nicht dazu kommen, uns mit den im Hintergrund wirkenden Gefühlen zu befassen.

Dummerweise peilen wir solche Ziele in der irrigen Annahme an, dass sich unsere Minderwertigkeitsgefühle in Wohlgefallen auflösen werden, wenn sie erreicht sind. Wir denken, dass wir mit uns selbst zufrieden sein werden, wenn wir Erfolg haben. Stimmt ja auch. Aber nur für einen Augenblick. Wenn uns etwas gelingt, setzt unser Gehirn Endorphine frei, die uns ein momentanes High bescheren wie eine Droge. So ein High löst unsere Unsicherheit nicht auf und lässt uns nicht unseren naturgegebenen Wert erkennen. Wenn wir etwas auf die Beine stellen, um uns wohler in unserer Haut zu fühlen, werden wir von unseren Leistungen abhängig wie von einer Droge. Wir wissen dann nicht mehr, wie wir uns auch ohne Erfolge wohlfühlen können.

Wenn wir alles, was wir an uns selbst nicht mögen, mit Leistung zu überspielen versuchen, ist das ungefähr so sinnlos wie der Versuch, unseren Durst mit Salzwasser zu löschen: Je mehr wir trinken, desto schlimmer wird der Durst. Und je größer unsere Erfolge sind, desto mehr *müssen* wir erreichen, damit uns das Gefühl unserer Mangelhaftigkeit nicht wieder einholt – ein Teufelskreis. Es ist eine Schleife, die immer wieder in sich selbst mündet. Wir sitzen in der Falle und fühlen uns meist auch so, leer und uninspiriert.

Wenn wir ein Ziel erreichen, sind wir erst einmal zufrieden mit uns, aber irgendwann setzen die unbehaglichen Gefühle wieder ein, die uns veranlasst haben, dieses Ziel anzupeilen. Leistungen, mit denen wir Minderwertigkeitsgefühle auszugleichen beabsichtigen, sind wie der Versuch, einen Maulwurfshügel mittels Zuckerguss in einen Kuchen zu verwandeln. Unsere tiefsten Überzeugungen über uns selbst bleiben einfach bestehen, da mag unser Leben äußerlich noch so toll aussehen. Die fehlende Selbstachtung schlägt irgendwann wieder durch. Es sollte nicht so sein, dass wir nach Erfolg streben, um mit uns selbst einverstanden zu sein. Andersherum wäre es richtig: erst zufrieden sein mit uns selbst und von da aus hohe Ziele anstreben.

DEIN LEBEN ALS GEMÄLDE

Sieh es einmal so: Dein Lebensweg beginnt als eine Art leere Leinwand, auf die du malen kannst, was du willst. Du hast unbegrenzte Möglichkeiten. Doch dann erlebst du Ablehnung, Misserfolg, Kränkung, du wirst enttäuscht, verraten oder im Stich gelassen. Und all das hinterlässt auf deiner Leinwand Farbspuren, die den Raum für dein kreatives Schaffen beschneiden.

Wenn du jetzt vor deiner Leinwand stehst, sieht es nicht mehr so aus, als könntest du malen, was du möchtest. Du müsstest um die bereits vorhandenen eingetrockneten Kleckse und Pinselstriche herummalen. Die Farbspuren der Vergangenheit bestimmen also, was wir heute malen können. Was da zu sehen ist, würden wir selbst nicht malen, wenn wir eine leere Leinwand hätten. Und auf einer verklecksten Leinwand malen zu wollen, wäre einfach nur dumm.

Solange wir uns selbst als unzulänglich empfinden, ist es genauso dumm, nach Erfolgen zu streben, um uns nicht mehr wertlos zu fühlen. Die Leinwand muss erst wieder weiß sein, nur dann haben wir die Freiheit, alles zu malen, was wir wollen. Abnehmen, Geld verdienen, Follower sammeln, beruflich vorankommen, Marathon laufen – all das macht unsere Leinwand nicht wieder weiß. Damit übermalen wir nur das bereits Vorhandene, aber kreieren nichts wirklich Neues. Es ist lediglich ein erfolgloser Versuch, die tieferen Schichten zu korrigieren oder gar verschwinden zu lassen.

Wir reiben uns nur auf, solange wir glauben, wir könnten unseren Wert schließlich doch unter Beweis stellen, wenn wir noch ein bisschen mehr leisten, sprich: wenn wir wie besessen arbeiten oder trainieren und die Essstörungen, den zwanghaften Perfektionismus, die Drogensucht und dergleichen in Kauf nehmen. Zum Glück können wir bei unseren Zielen ansetzen und uns von da aus zurückarbeiten, bis wir auf ihren Ursprung stoßen. In diesem Sinne sind sie auch gleich das Heilmittel für unsere Minderwertigkeitsgefühle.

Wir steigen jetzt ein in das Vorhaben, dich zu deiner leeren Leinwand zurückzuführen, zurück zu einer Stelle, von der aus du ganz frei Ziele wählen kannst, die es wirklich wert sind. Und wenn du meinst, die Heilung deiner Leistungssucht könnte dein Leben auf den Kopf stellen, kann ich das wirklich verstehen.

DEIN SCHMUTZIGES KLEINES GEHEIMNIS

Als ich klein war, fand ich alles einfach nur toll und hatte überhaupt keine Angst, mich zu blamieren. Ich hatte nie das Bedürfnis, mich zu beweisen. Ich tat nur das, was mich wirklich begeisterte. Ich schrieb Gedichte und sagte sie mit großer Geste vor der ganzen Klasse auf. Ich trug unter meiner Kleidung ein Arielle-Kostüm und gab mich als »Undercover-Meerjungfrau« aus. Wenn es in Strömen goss, setzte ich Schlammlawinen in Gang. In unserer Garage eröffnete ich ein »Restaurant« und verkaufte dort Salzcracker für einen Dollar das Stück. Bei Familienfesten gab ich Tanzperformances zum Besten. Es war mir total schnuppe, was andere von mir dachten. Patzer? Ich hätte nicht einmal gewusst, was das überhaupt ist.

Aber als ich sieben war, passierte etwas, mit dem sich das alles änderte: Einer der älteren Jungen erlaubte sich einen sexuellen Übergriff. Ich kam zu dem Schluss, dass ich irgendwie schlecht bin – eine dieser Schutzreaktionen, von denen weiter vorn die Rede war. Ich dachte, ich würde mich nie wieder sauber oder gut fühlen können. Ich war davon überzeugt, dass ich wohl etwas in mir haben musste, was diese Sache geradezu angezogen hatte, irgendeine kranke, kaputte, eklige, schlimme, grundverkehrte Seite meiner selbst.

Die nächsten dreizehn Jahre verbrachte ich überwiegend mit dem Bemühen, diesem Gefühl, schmutzig und nicht gut genug zu sein, etwas entgegenzusetzen. Niemand sollte wissen, dass ich insgeheim ein böses Mädchen war, also tat ich alles dafür, gut zu sein. In den mittleren Schuljahren gönnte ich mir manchmal nur ein paar Stunden Schlaf in der Nacht. Ich wollte sichergehen, dass ich ausschließlich Bestnoten bekam. Nicht nur das schaffte ich, sondern darüber hinaus machte ich bei der Theatergruppe mit, beteiligte mich an Wissenschafts- und Cheerleader-Wettbewerben, saß im Schülerrat und investierte Zeit in gemeinnützige Arbeit. Aber sauber fühlte ich mich dadurch nicht und gut genug auch nicht. Nach wie vor fürchtete ich, die anderen könnten herausfinden, wie unzulänglich ich eigentlich war.

Auf der Highschool war ich in allen Leistungskursen und hatte trotzdem ausschließlich Bestnoten. Ich gehörte als führendes Mitglied vier Klubs an und war Kapitän des Debattierteams. Ich bekleidete Ehrenämter, erteilte Unterricht, gab Nachhilfe, schrieb für die Schülerzeitung, wurde Veganerin und Tierschutz-Aktivistin. Aber ich war immer noch nicht gut genug. Gegen Ende der Highschool-Zeit begann ich, als Model zu arbeiten. Mit meiner Schönheit, so meinten Leute aus der Branche, könnte ich weltberühmt werden. Sollte sich das bewahrheiten, so die Hoffnung, würde ich mich wohl endlich als gut genug und wertvoll sehen können.

Bald gingen die Bemühungen, meinen Wert unter Beweis zu stellen, über Noten, Ehrenämter und außerschulische Leistungen hinaus: Bei der Betrachtung meines Körpers drängte sich mir der Gedanke auf, andere müssten wohl an jedem sichtbaren Gramm Fett erkennen, dass ich nicht gut genug war. Fett verriet doch sicher der Außenwelt, dass ich ein ekliger und schlechter Mensch war. Ich fing an mit Diäten zum Abnehmen, um meinen Wert unter Beweis zu stellen und meine »schlimme« Seite unsichtbar zu machen.

Einmal war ich bei einem Casting mit lauter spindeldürren Models. Als ich irgendwann zur Toilette ging, fiel mir auf, dass meine Oberschenkel richtig breit auf dem WC-Sitz lagen. »Immer noch zu fett«, dachte ich. Wenn ich das Hemd anhob und mich vorbeugte, bildeten sich am Bauch kleine Speckröllchen, und ich dachte: »Noch nicht gut genug.«

Die Gespenster der Kindheit begleiteten mich mit den immer gleichen Parolen: Ich muss gut sein. Ich muss sauber sein. Ich gönnte mir sowieso schon nicht mehr viel. Der Gedanke, dass ich mich noch weiter einschränken musste, wenn ich mich gut fühlen wollte, machte mich schier wahnsinnig. Ich war der Verzweiflung nahe. Ich weinte und schluchzte in dieser Klokabine, bis ich kaum noch Luft holen konnte, aber von da an aß ich noch weniger. Immer wieder suchte ich die Rückseite meiner Oberschenkel im Spiegel nach diesen verräterischen Grübchen ab. Sah ich welche, wurde die Ration weiter gekürzt. Wenn beim Vorbeugen Speckröllchen entstanden, gab es anschließend noch weniger zu essen. Ich konnte nicht mehr zwanglos und vergnügt irgendetwas Nettes mit anderen erleben, weil ich praktisch nur noch im Kopf unterwegs war und durchkalkulierte, wie viele Kalorien ich aufgenommen und verbrannt hatte. Ich bekam die Diagnose »Magersucht«. Im Modeling-Business galt ich als Schönheit. Der Arzt sagte jedoch, mein Körper sei schon dabei, die Leber anzugreifen. Ich aß immer weniger, aber sauberer, stärker oder besser fühlte ich mich dadurch nicht.

Ich hungerte, um dieses Gefühl nicht zu spüren, dass ich schlecht war. Dieses Gefühl schlich sich sofort ein, wenn ich gerade nichts leistete oder erreichte. Ich unterdrückte meinen seelischen Hunger, der noch viel größer war als mein körperlicher Hunger. Ich unterdrückte auch mein tiefes Verlangen nach dem, was wirklich nährt, nach Selbstakzeptanz, nach Freude, Offenheit, Verletzlichkeit, Verbundenheit und Entspannung. Irgendwie war es falsch, mir so etwas zu wünschen.

Ich assoziierte solche Wünsche mit meiner »schlimmen« Seite, der mit dem sexuellen Übergriff doch sicher recht geschehen war und die womöglich das Ruder übernehmen würde, wenn ich auch nur einen Augenblick nichts Wertvolles leistete. Ich gestattete mir nur die Wünsche, die ich meiner Meinung nach haben sollte: Produktivität, Höchstleistung, Disziplin.

Mangelernährung, Bestnoten und überzogenes Engagement nahm ich, wie bereits erwähnt, auch ins Studium mit. Ich arbeitete weiterhin als Model, hatte dazu noch zwei Teilzeitjobs, gründete und leitete einen Nutztierschutzbund, der zur »Organisation des Jahres« gekürt wurde. Ich gewann einen Preis für herausragende Führungsqualitäten und Leistungen für die Gemeinschaft. Ich organisierte öffentliche Gemeinschaftsessen, veranstaltete Aktivisten-Tagungen, absolvierte fast jeden Tag mein Training. Ich trank nicht und ging nicht auf Partys. Ich war so was von gut.

Wenn ich auch nur ein bisschen Tempo wegnahm oder nachließ, wenn ich nicht alles streng kontrollierte, so meine Befürchtung, würde irgendetwas losbrechen, und die anderen würden schließlich doch herausfinden, dass ich einfach ein böses, auf Abwege geratenes, verdorbenes Gör war.

Einmal war ich besonders von mir selbst angewidert, nachdem ich einen großen Muffin verdrückt hatte. Ich bildete mir ein, ich könne geradezu spüren, wie sich die Kalorien in meinem Körper in Fett verwandelten. Ich ging joggen, um dieses miese Gefühl irgendwie wegzubrennen. Überhaupt hätte ich gern alles verheizt, was sich an mir so schmutzig und wertlos anfühlte. Ich wollte so schnell und so weit laufen, dass mein Körper jedes unnötige bisschen Fleisch auf meinen Knochen verdauen musste. Ich war auf der Flucht vor diesem Gefühl von Wertlosigkeit. Ich versuchte, mir selbst zu entkommen. Es ging nicht. Ich rannte immer angestrengter, aber mir wurde kein bisschen leichter. Die Kräfte ließen nach, und ich hasste mich für meine Schwäche. Ich legte noch etwas zu.

Wie schnell und wie weit würde ich wohl laufen müssen, um endlich das Gefühl zu haben, dass ich gut genug war? Um mich endlich sauber zu fühlen? Wann würde mein Selbstwertgefühl endlich wieder zurückkommen? Ganz aus der Tiefe meiner selbst kam eine hämische Antwort: »Es kommt nicht.« Und das wiederholte sich bei jedem Schritt:

»Es kommt nicht zurück.«

»Es kommt nicht zurück.«

»Es kommt nicht zurück.«

Ich hatte mein bisheriges Leben hauptsächlich damit zugebracht, viel zu leisten, damit ich mich als wertvoll betrachten konnte. Aber jetzt war klar, dass sich mein Selbstwertgefühl nicht wieder einstellen würde.

Abrupt machte ich mitten im Park Halt. Keuchend sackte ich zusammen und schluchzte. Ich hatte immer alles erreicht, was ich mir vorgenommen hatte, und fühlte mich doch kein bisschen besser. Doch plötzlich ging mir ein Licht auf: *Mein Wert würde nicht wiederkommen, weil er gar nicht verschwunden war!* Ich hatte mir alles versagt, was ich am Leben schön fand, ein entspanntes Miteinander, Lachen, Freude, Spontaneität – also alles wirklich Nährende. Wenn ich nur genug auf die Beine stellte, hatte ich gedacht, würde es mir doch sicher eines Tages zustehen, mich wieder zu lieben. Aber dieses Recht war mir nie genommen worden, ich hatte es immer gehabt.

Jahre der Selbstzerfleischung rauschten über mich hinweg, und wie ein Blitz durchfuhr es mich, wie absolut aberwitzig es gewesen war, mich die ganze Zeit derart zu quälen. Auf einmal war klar, dass ich all die Jahre für eingebildete Schwäche und Schlechtigkeit zu büßen versucht hatte, während eigentlich nichts anderes zu tun gewesen wäre, als dieses kleine Mädchen in mir lieb zu haben, das sich so schwach und so schlecht fühlte. Es brauchte keine Strafen. Es musste nicht beseitigt werden. Es gab für mich nichts weiter zu tun, als es in den Arm zu nehmen, zu bejahen und zu lieben. Ich musste dieses kleine Mädchen sein und sichtbar werden lassen.

Von diesem Augenblick an war ich frei. Ich begriff, dass mein Wert nie infrage gestanden hatte und nichts zu beweisen war. Es stand mir zu, mit mir zufrieden zu sein und das zu tun, was ich mit Vergnügen tat. Aus diesem Moment der Klarheit und den anschließenden Jahren der Therapie, Selbstentwicklung und Heilung, die angefüllt waren mit Meditation, Coaching und Recherchen, ist dieses Buch hervorgegangen.

Ich muss mich heute nicht mehr beweisen. Ich bin Unternehmerin und tue genau das, was ich gern tue. Als Coach helfe ich den Menschen, ihrer Passion zu folgen und ein Leben zu führen, in dem sie das bewirken können, was ihnen wichtig ist. Ich gebe Workshops und veranstalte Retreats zum Thema »Heilung«. Ich bin viel unterwegs, ich tanze, übe Yoga, schreibe Gedichte und schwimme im Meer. Arbeit und Spiel sind für mich ein und dasselbe, eigentlich nicht mehr zu unterscheiden.

Dieses Buch habe ich zum Teil für mich geschrieben. Es soll mich daran erinnern, das kleine Mädchen in mir zu lieben, das sich manchmal unzulänglich fühlt. Je länger ich geschrieben habe, desto klarer wurde mir, wie wichtig es ist, dass ich dieses Mädchen höre.

Auch für dich habe ich dieses Buch geschrieben. Es soll dir helfen, das in dir zu heilen, was immer noch glaubt, du könntest deinen Wert nur durch harte Arbeit und Selbstbestrafung unter Beweis stellen. Und es soll dir in Erinnerung rufen, dass dein Wert nicht von deinen Leistungen abhängt, sondern dir von Geburt an selbstverständlich gegeben ist. Schließlich sollst du auch herausfinden können, was du mit diesem kostbaren Leben anfangen möchtest, wenn du nicht mehr vor dir wegläufst, sondern dir gestattest, dich genau so zu lieben, wie du bist.

DU BIST SCHON GUT GENUG

Als ich so richtig in meiner Leistungsfalle saß, hätte ich jedem eine gelangt, der gesagt hätte: »Du musst dich mal von deiner Erfolgsabhängigkeit und deiner Sucht nach Bestätigung von außen emanzipieren.« Die Heilung meiner Essstörung und Leistungssucht hätte für mich bedeutet, den letzten Funken an Selbstachtung zu verlieren. Emanzipation und Heilung sagten mir nichts. Für mich kam es einzig und allein darauf an, Erfolge einzuheimsen, äußerlich gut dazustehen und andere zu beeindrucken. Aus meiner Sicht war gerade dieser zwanghafte Leistungsdrang das Tolle an mir!

Ich glaubte tatsächlich, ich würde aufgehen wie eine Dampfnudel, Pleite machen und nur noch den ganzen Tag vor dem Fernseher herumhängen, sobald ich nicht mehr auf Anerkennung durch Leistung aus war. Wenn du also glaubst, dass dein Leben in die Katastrophe treiben wird, sobald du aus deiner Leistungssucht aussteigst, kann ich das wirklich gut verstehen. Vielleicht willst du sogar noch mehr erreichen, weil du noch immer denkst, dass Zufriedenheit, Selbstbewusstsein und Wirksamkeit in der Welt davon abhängen.

Lass dir sagen: Das Gegenteil trifft zu. Wenn du keine Erfolge mehr brauchst, um ein gutes Gefühl zu haben, werden deine inneren Kräfte freigesetzt. Du wirst dann erst recht Erfüllung und Selbstbewusstsein finden und ganz erheblich mehr ausrichten in der Welt.

Lass mich also ein für alle Mal klarstellen, dass dieses Buch dir nicht beibringen wird, wie du gut genug sein kannst. Eigentlich will es dir überhaupt nichts beibringen. Dieses Buch möchte dir zeigen, wie du alles verlernen kannst, was dir zum Thema »gut genug sein« beigebracht worden ist. Und es möchte dir in Erinnerung rufen, was du vergessen hast, nämlich dass dein Wert etwas ist, das dir von Natur aus gegeben ist. Dieses Buch wird dir also nicht dabei helfen, dich zu beweisen, sondern vielmehr die Vorstellung widerlegen, dass es überhaupt notwendig ist, deinen Wert unter Beweis zu stellen. Es ist ganz okay, wenn du nach diesem Buch gegriffen hast, weil du dachtest, es würde dir verraten, wie du endlich gut genug sein kannst. Aber genau das wird es nicht tun.

Bleib dran, und ich kann dir versprechen, dass du etwas noch Besseres bekommst: die unglaublich befreiende Erkenntnis, dass du es nie und nimmer schaffen wirst, gut genug zu sein. Aber du kannst entdecken, dass du schon gut genug bist, dass du es immer warst und immer sein wirst.

Das Gute und Wertvolle, das in deiner Natur liegt, war immer schon da, auch im Selbsthass und im Misserfolg, auch wenn es dir dreckig ging und du dich geschämt hast. Sogar dann, wenn du noch mehr erreichen wolltest, weil dich sonst, dachtest du, niemand lieben würde. Es hat dich nie verlassen, sondern geduldig darauf gewartet, dass du endlich aufhörst, es dir verdienen zu wollen. Es ist auch jetzt bei dir, während du diese Zeilen liest.

Arbeite dieses Buch durch, und du wirst klar erkennen, dass du nichts zu beweisen hast. Und wenn du nichts beweisen musst, ist alles möglich.

AUF DEINE ZIELE KOMMT ES AN

Vor ein paar Jahren kam die 35-jährige Adi als Klientin zu mir. Sie war Ehefrau und Mutter und darüber hinaus beruflich im Kinder- und Jugendschutz tätig. Nach der Geburt ihrer Tochter stand sie unter Dauerstress. Sie hatte Sorgen um ihre Tochter, ihren Job, ihre Ehe, ihr Gewicht, ihre Finanzen. Nachts lag sie oft wach und erstellte innerlich Listen mit all den Dingen, die zu erledigen waren. Sie spürte, dass ihre Belastungsgrenze erreicht war, dass sie Hilfe brauchte, und zwar schnellstens.

In unserem ersten Telefonat fragte ich sie, welche ihrer Ziele den meisten Stress verursachten. Verblüfft gab sie zurück: »Aber ich habe gerade keine Ziele, auf die ich hinarbeite. Ich tue einfach nur das, was jeden Tag zu tun ist.« »Oh, Sie haben sehr wohl Ziele«, sagte ich. »Jede Aktion, jeder Handgriff im Lauf des Tages – ob Sie eine berufliche E-Mail schreiben, Ihre Tochter von der Schule abholen oder Ihren Mann anrufen – ist unmittelbarer Ausdruck einer Zielvorstellung. Es ist sogar so, dass Ihre Ziele selbst den Stress verursachen. Aber Sie sehen das nicht, weil alles automatisch abläuft und Sie von Zielen beherrscht sind, die Sie nicht einmal erkennen.«

Nach und nach ging Adi auf, dass sie tatsächlich Ziele hatte, jede Menge Ziele. Um nur ein paar von ihnen zu nennen: Sie wollte den Namen ihrer Tochter gern auf der Bestenliste der Schule sehen, um ihren Eltern zu beweisen, dass sie eine gute Mutter war. Sie wollte gern beruflich aufsteigen, um als Farbige den Weißen in ihrer Dienststelle zu zeigen, dass sie es draufhatte. Sie wollte ihren Haushalt in Ordnung halten, um dem Babysitter zu demonstrieren, dass sie alles im Griff hatte. Sie wollte für ihren Mann schlank bleiben, um zu verhindern, dass er mit einer anderen Frau fremdging.

Als wir die Ziele identifiziert hatten, die ihren Stress ausmachten, konnten wir ihre Überarbeitung in Angriff nehmen. Ich begleitete sie durch den hier beschriebenen Prozess. Irgendwann war es so weit, dass Adi alles, was der Tag von ihr verlangte, ohne Stress und unangenehme Gefühle erledigen konnte. Jetzt empfand sie ihre Ziele als Ansporn, nicht mehr als etwas, das sie fertigmachte. Abends im Bett rief sie sich schöne Erlebnisse in Erinnerung, statt innerlich To-do-Listen zu schreiben.

Das Umlernen wird für dich genauso funktionieren. Aber auch für dich gilt, dass wir nicht mit unsichtbaren oder unbewussten Zielen arbeiten können. Nimm dir also die Zeit, alle deine gegenwärtigen Lebensziele zu notieren: im Job aufsteigen, deinen Partner finden, Follower sammeln, an Wettläufen teilnehmen, abnehmen, dein Buch schreiben usw.

Denk auch an nicht eindeutig quantifizierbare Ziele, die du vielleicht nicht mal als solche bezeichnen würdest, die aber deine Ausrichtung umschreiben. Zum Beispiel: »dafür sorgen, dass meine Familie zufrieden ist«, »gut aussehen, wenn ich draußen irgendwo unterwegs bin«, »das Haus sauber und ordentlich halten«, »eine gute Freundin sein«, »meinen Chef stolz auf mich machen« oder »körperlich aktiv sein«. Schreib alles auf, wovon du meinst, dass es sein muss.

Jetzt sieh dir deine Ziele eins nach dem anderen an und stell dir zu jedem diese Fragen:

1. Glaube ich, dass das Leben wie durch Zauberhand besser wird, wenn ich dieses Ziel erreiche?
2. Kostet mein Ziel mich zu viel Kraft?
3. Fühlt sich mein Ziel wie eine Verpflichtung an?
4. Bin ich frustriert, weil ich mein Ziel nicht oder nicht schnell genug erreiche?
5. Werde ich unglücklich, wenn ich dieses Ziel verfolge?
6. Habe ich mich diesem Ziel verschrieben, weil ich im tiefsten Innern glaube, dass ich mich erst als würdig erweisen muss, bevor ich mit mir zufrieden sein darf?
7. Muss ich dieses Ziel erreichen, damit andere zufrieden sind?

8. Muss ich mich mit Alkohol, zwanghaftem Körpertraining und Ähnlichem betäuben, um auf dieses Ziel hinzuarbeiten?
9. Möchte ich mit dem Erreichen dieses Ziels beweisen, dass ich gut genug bin? Möchte ich also …
    > abnehmen, um zu beweisen, dass ich nicht faul oder unappetitlich fett bin?
    > ein sechsstelliges Jahreseinkommen haben, um zu beweisen, dass ich nicht dumm oder unfähig bin?
    > an einem Marathon teilnehmen, um zu beweisen, dass ich nicht schwach bin?
    > 10.000 Instagram-Follower haben, um zu beweisen, dass ich kein Loser bin?
    > für alle sorgen, um zu zeigen, dass ich ein guter Mensch bin?

Für jedes Ziel auf deiner Liste, bei dem du auf keine dieser Fragen mit »Ja« antworten musstest, kannst du dir gratulieren. Dann gehört dieses Ziel nämlich bereits zu deinem wahren Ich und dient nicht der Kompensation von Minderwertigkeitsgefühlen. Diese Ziele kannst du dir irgendwo griffbereit halten. Aber jetzt wollen wir uns erst einmal die Ziele vornehmen, bei denen du viele Ja-Antworten hattest. Such dir so ein Ziel aus. Es soll möglichst nach Stress schmecken und nicht gerade viel Begeisterung auslösen. Mit diesem Ziel wollen wir versuchen, dich zum Ursprung deines Gefühls von Wertlosigkeit zurückzuführen.

Hier ist das Ziel, mit dem ich arbeiten möchte:

_____

_____

Gut, das haben wir jetzt, aber bevor wir damit arbeiten, erst noch eine Geschichte.

ENTSCHEIDE DICH,
SELBSTSICHER ZU SEIN

Ein Geständnis: Ich war auf der Highschool total in einen allseits beliebten älteren Schüler verknallt. Seinen Stundenplan kannte ich auswendig. Deshalb konnte ich es immer so einrichten, dass ich ihm ganz zufällig auf dem Gang begegnete. Wenn ich ihn sah, hatte ich immer ein Kribbeln ganz unten im Bauch, aber meinen Freundinnen jammerte ich vor, dass ich einfach nicht das Selbstvertrauen hätte, um ihm das zu sagen.

Selbstbewusstsein gehörte für mich zu den Dingen, von denen mir nur ein fixes Quantum zugesprochen wurde, welches ich mir auch noch verdienen musste, wie einen bestimmten Geldbetrag. Mit jedem Erfolg, so dachte ich mir, zahlte ich etwas auf mein Selbstbewusstseinskonto ein, und jeder Misserfolg bedeutete, dass ich etwas abhob. Ich ging davon aus, dass ich mir erst noch von anderen Jungs Bestätigung holen musste, bevor ich mir gegenüber meinem Schwarm ein selbstbewusstes Auftreten erlauben konnte. Also flirtete ich mit anderen Typen wild drauflos in der Hoffnung, ihr Interesse werde den Stand meines Selbstbewusstseinskontos derart erhöhen, dass ich mich dem Einen schließlich offenbaren konnte.

Da ich in seiner Nähe so nervös war, war ich nicht imstande, ihm zu sagen, was wirklich in mir vorging. Also wartete ich ab, dass sich die Angst legen würde, wartete und wartete. Aber sie ging nicht weg. Irgendwann machte er seinen Abschluss und verschwand auf Nimmerwiedersehen. Er weiß bis heute nicht, welchen Platz er in meinen Gedanken (na gut, in meinen Träumen und Fantasien) eingenommen hatte. Ich konnte damals die Angst nicht abschütteln, dass eine mögliche Abfuhr die letzten Reste meiner Selbstsicherheit auch noch ausradieren würde.

Nach meiner Überzeugung bestimmten meine Erfolge und Misserfolge darüber, wie viel Selbstvertrauen mir zustand. Ich traute es mir wirklich nicht zu, den Mut aufzubringen, den ich brauchte, um einen älteren, umschwärmten Jungen anzusprechen. Dazu hätte ich mir erst einmal viel mehr Selbstsicherheit verdienen müssen, als ich hatte. Inzwischen habe ich gelernt, dass wir uns das Anrecht auf Selbstsicherheit oder andere Persönlichkeitszüge nicht erst verdienen müssen. Wir brauchen keine Leistungen und Errungenschaften, um uns damit das Lebensgefühl zu erkaufen, das wir uns wünschen. Unser Selbstvertrauen ist nicht von Geburt an limitiert, und wir müssen nicht erst ein Minimum an Selbstbewusstsein ansparen, um uns an Dinge heranzutrauen, vor denen wir Angst haben. Selbstbewusstsein gehört nämlich nicht zu den Dingen, die man *hat*. Auf einer Röntgenaufnahme unseres Körpers wäre kein Selbstbewusstsein zu sehen. Wenn sich jemand als selbstbewusst bezeichnet, liegt es nicht daran, dass er zu einer ganz seltenen Sorte Mensch gehört, die zusätzliche Selbstbewusstseinsmoleküle im Blut hat, sondern er geht einfach trotz seiner Zweifel und Befürchtungen zupackend zur Sache.

Selbstbewusstsein ist nichts, was wir besitzen oder zugeteilt bekommen, sondern eine Existenzform oder Daseinsweise, die wir *wählen*. Eine solche hat nichts damit zu tun, wie viel wir verdienen, was für einen Wagen wir fahren, wie unser Körper aussieht, wie erfolgreich wir sind oder mit welchem Menschen wir zusammen sind. Wir entscheiden Moment für Moment,

Wir entscheiden Moment f. Moment

wer wir sein wollen. Wenn das einmal klar ist, können wir unabhängig von unseren Leistungen und Errungenschaften ganz und gar wir selbst sein. Das befreit uns aus der Abhängigkeit von Ergebnissen. Dann können wir unter allen Umständen so sein, wie wir sein möchten. Da ich jetzt weiß, dass meine Selbstsicherheit nicht durch äußere Umstände bedingt ist, habe ich die Freiheit, mutig zu handeln, auch wenn die Möglichkeit besteht, zu scheitern. Da ich mich bewusst dazu entschieden habe, selbstbewusst zu sein, können auch Fehlschläge daran nichts ändern. Auch wenn ich wieder und wieder scheitere, ich weiß jetzt, dass es mir zusteht, trotzdem selbstbewusst zu sein.

Es mag paradox klingen, aber Selbstbewusstsein haben wir am ehesten dann, wenn uns klar ist, dass wir es nie *hatten*. Wir müssen uns das Recht, selbstbewusst zu sein, nicht verdienen, wir *wählen* es.

Ebenso wie unser Selbstbewusstsein unabhängig ist von äußeren Bedingungen, können wir unabhängig von äußeren Umständen führen, lieben, uns gegenseitig Rückhalt geben, verbunden, großzügig, verletzlich, stolz, mächtig, vertrauensvoll, stark und inspiriert sein. Oft lassen wir uns jedoch zu dem Gedanken verleiten, wir müssten etwas erreichen, um uns so zu fühlen, wie wir uns fühlen möchten. Wir sind davon überzeugt, dass unser Befinden durch das bestimmt wird, was wir haben, nicht durch das, was wir sind. Dabei müssen wir nicht viel besitzen, um großzügig zu sein. Wir brauchen keinen Beifall, um stolz zu sein. Wir müssen nicht erst abnehmen, um uns zu akzeptieren. Und um unsere Führungsqualitäten zu demonstrieren, brauchen wir keine hohe Position. Wir können ohne all das glücklich sein.

Du bist niemals glücklich, *weil* du Geld oder Ruhm hast oder gut aussiehst. Dergleichen erschafft kein Glück. Sei glücklich, nur so entsteht Glück. Denn Glück hat seine Ursache in sich selbst. Dass wir irgendetwas haben müssten, um so zu sein, wie wir sein wollen, ist pure Illusion. Zum Glück besteht keine

Notwendigkeit, uns die Erlaubnis, selbstbewusst, glücklich, liebevoll, verbunden oder in Frieden zu sein, durch Leistung zu erkaufen.

JETZT BIST DU DRAN

Dieser Abschnitt möchte dir eine Abkürzung zur Verwirklichung deiner wahren Ziele zeigen. Du musst nicht erst einen Master machen, fünfzig Kilo abnehmen oder »Mitarbeiterin des Monats« sein. Du kannst gleich zur Sache kommen und *jetzt* so sein, wie du sein möchtest, und dich so fühlen, wie du dich fühlen möchtest. Lass dich dabei von Begeisterung und nicht von Leistungszwang leiten.

Die folgende Tabelle wird dich dabei unterstützen und dich zugleich von der Bewertung und Anerkennung anderer unabhängig machen. In der linken Spalte findest du Dinge aufgeführt, die dir möglicherweise abgehen oder wovon du deiner Meinung nach mehr brauchst, bevor du so sein kannst, wie du gerne wärst. Dir mag es wirklich so vorkommen, als würde dir etwas fehlen, aber in Wirklichkeit brauchst du natürlich von niemandem irgendetwas, um die zu sein, die du sein möchtest. In der rechten Spalte sind Charakterzüge und Eigenschaften aufgeführt, die keinen Bedingungen unterliegen und denen du dich jetzt gleich zuwenden kannst.

Vervollständige zunächst für jedes deiner Ziele den folgenden Satz:

Ich glaube, wenn ich _____ erreicht

habe, werde ich mich _____ fühlen.

Hier ein Beispiel: Wenn ich bei einem Wettbewerb den ersten Platz gewinne, werde ich mich wertgeschätzt fühlen. In der unten abgebildeten Tabelle suchst du jetzt in der linken Spalte nach dem Kernbegriff der zweiten Leerstelle – in diesem Fall »Wertschätzung«. Dann siehst du dir an, welche zugehörige innere Haltung in der rechten Spalte vorgeschlagen wird – in diesem Fall »dankbar, selbstbewusst«.

Kapiert?

ABHÄNGIGKEIT UND MANGEL	UNABHÄNGIGKEIT UND FÜLLE
Liebe	selbstliebend, empfänglich
Wertschätzung	dankbar, selbstbewusst
Bestätigung	selbstmitfühlend, selbstbejahend, in die eigene Kraft vertrauend
Wichtigkeit	verbunden, natürliche Führungsstärke, fürsorglich, großzügig
Zugehörigkeit	miteinbezogen, glücklich
Akzeptiert sein	bejahend, frei im Selbstausdruck
Verzeihen	vergebend, mitfühlend, verständnisvoll
Wohlstand	dankbar
Ruhm	großzügig, selbstbejahend, frei im Selbstausdruck
Verständnis	verständnisvoll, aufrichtig
Anerkennung	selbstbewusst, vertrauensvoll

Frag dich, wie es wohl wäre, wenn du dir zugestehen würdest, jetzt gleich so zu sein, wie es auf der rechten Spalte steht. Was würdest du anders machen, wenn du so wärest? Wenn du beispielsweise meinst, du müsstest bei deiner Arbeit erst einmal wichtiger genommen werden, bevor du zufrieden und für deinen Job dankbar sein kannst, dann frag dich jetzt, wie es wäre, unabhängig von der Haltung und der Meinung anderer zufrieden und dankbar zu sein. In welchen Situationen würdest du dich anders verhalten? Und wie würde sich dadurch das Bild ändern, das du von dir selbst hast?

Leg dir eine Liste möglicher Aktionen und Verhaltensweisen an, die du dir zu eigen machen könntest, wenn deine angestrebte selbstbestimmte und unabhängige Lebensweise Wirklichkeit geworden ist. Wenn du großzügig wärst, was würdest du tun? Wenn du dich selbst lieben und bejahen würdest, wie würde das dein Leben ändern?

Hier ein Beispiel aus meinem Leben: In der Aufbauphase meines eigenen kleinen Unternehmens war ich drauf und dran, erst einmal abzubrechen um vorher noch einen Master zu machen. War ich ohne einen Abschluss überhaupt gut genug, um als Geschäftsfrau zu bestehen? Ich fürchtete den Misserfolg und fühlte mich nicht ausreichend gerüstet. Ein Mastertitel, sagte ich mir, würde mich als fähig ausweisen, und dann dürfte ich mir zutrauen, ein Geschäft aufzumachen. Wieder war ich in der Situation, dass ich erst noch eine weitere Leistung erbringen musste, um mir das Recht zu einem solchen Schritt zu erwerben.

Mir wurde klar, dass ein Masterstudium nur dazu dienen würde, den riskanten Schritt in die Geschäftsgründung noch ein paar Jahre aufzuschieben. Aber wenn ich den Titel dann endlich hatte und die erste Begeisterung verflogen war, würde ich dann nicht wieder genau da stehen, wo ich vorher war – nicht gut genug und mit zu wenig Selbstvertrauen? Nein, ein Mastertitel würde mich nicht grundsätzlich ändern. Er würde diesen tiefen Mangel an Selbstwertgefühl nicht heilen.

Ich musste mir einfach *jetzt* Selbstvertrauen und Zuversicht erlauben, auch wenn ich mich überhaupt nicht sicher fühlte. Ich tat es, und prompt verblasste der vorher so wichtige Wunsch nach einem Mastertitel. Um das zu tun, was ich wirklich gern tun wollte, brauchte ich doch keinen akademischen Titel! Die Brandilyn, die sich diesen Titel wünschte, war genau der Teil in mir, der immer Bestätigung von außen brauchte, damit ich so sein konnte, wie ich gern sein wollte. Es war der Teil in mir, der immer bemüht war, seine Existenzberechtigung durch Leistung zu erkaufen. Und es war der Teil in mir, der meinen naturgegebenen Wert nicht kannte.

Solange wir glauben, dass wir unbedingt Bestätigung und Anerkennung von außen brauchen, machen wir uns davon abhängig. Dieses Bedürfnis nach Erfolg und Leistung macht uns zu Sklaven. Und als Sklaven sind wir nicht von dem Wunsch geleitet, aus freien Stücken zu geben, was wir zu geben haben. Wir sind in einer Art Mangeldenken gefangen und meinen, wir könnten nur glücklich sein, wenn wir uns ununterbrochen Bestätigung von außen beschaffen. Wir kämpfen um diese, als würde es ums nackte Überleben gehen.

Aus dieser Abhängigkeit können wir uns befreien, wenn wir für uns selbst klären, wie wir sein möchten, und uns dann gestatten, unabhängig von allen Umständen und Bedingungen genau so zu sein. Dadurch verabschieden wir uns vom Mangeldenken und gehen in ein Denken der Fülle über, und die Abhängigkeit von Leistungen und Erfolgen hat ein Ende.

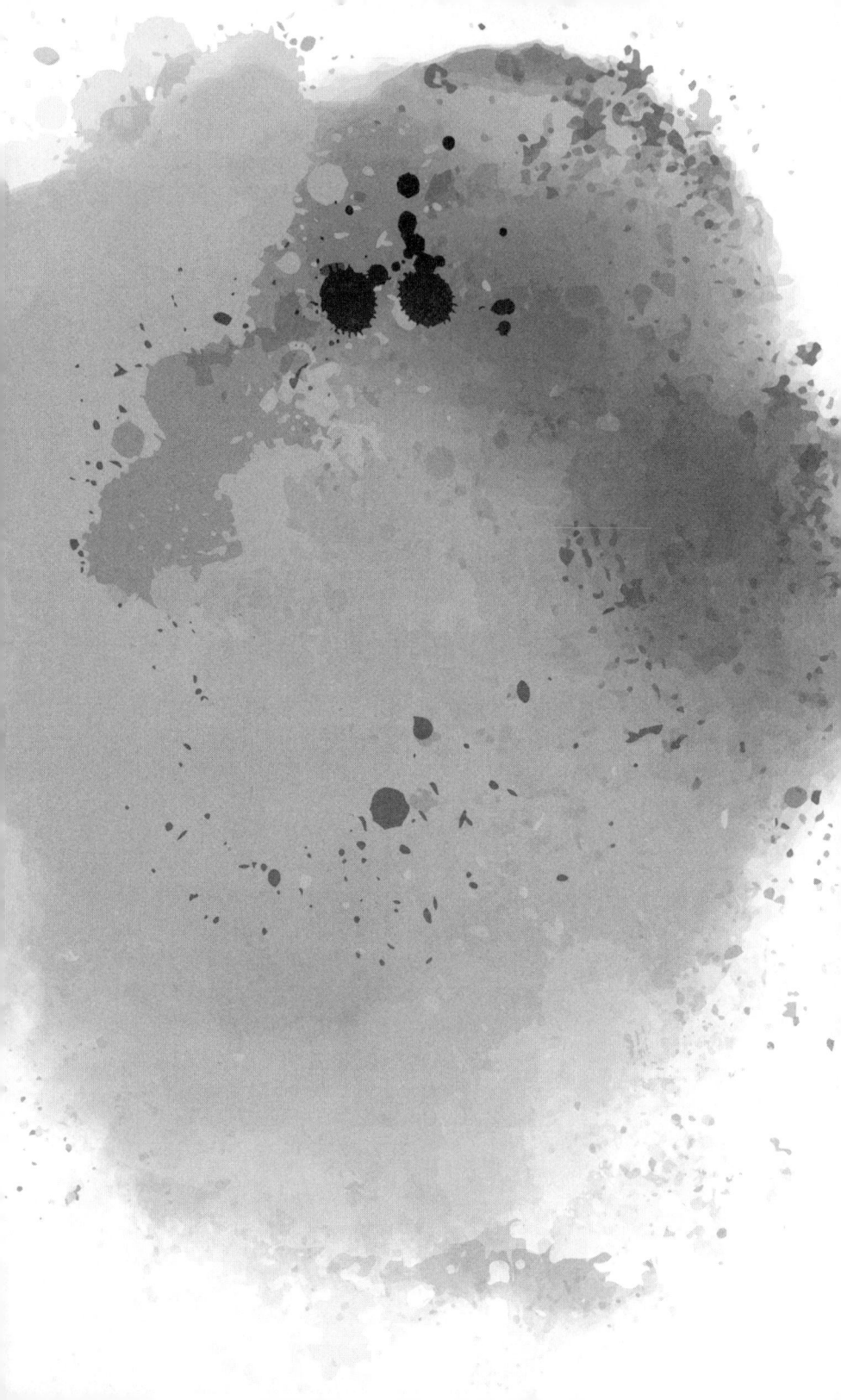

GENUSS STATT FRUST

In der achten Klasse mussten wir einmal eine Meile auf Zeit laufen. Es war brütend heiß draußen, und ich war noch nie eine ganze Meile am Stück gelaufen. Nach einem Viertel der Strecke setzte die Übelkeit ein und mit ihr die Panik. Der Brechreiz nahm zu, und die Stimmen in meinem Kopf wurden immer lauter. Wenn ich jetzt kotzte, schrien sie, sei ich eine totale Flasche. Ich zwang mich, den Lauf zu beenden. Als ich schließlich hinter den meisten anderen aus meiner Klasse durchs Ziel lief, musste ich mich sofort übergeben. Ich zog einen Schlussstrich unter das Laufen. Darin war ich offenbar einfach nicht gut genug.

In den nächsten Jahren fing ich alles Mögliche an, Yoga, Zumba, Wandern, Kickboxen, Gewichttraining und Pilates, aber Langstreckenlauf war nicht dabei. Bloß nicht! Ich hatte das Gefühl, nicht laufen zu dürfen, solange ich nicht sicher sein konnte, dass ich schnell genug und gut genug war. Ich war neidisch auf alle Läufer in meinem Freundeskreis.

Mit neunzehn war ich einmal in Südamerika. Da gab es kein Fitnessstudio, keine Berge, keine Trainingskurse, aber mir war nach den Endorphinen, die beim Sport frei werden. Also borgte ich mir widerwillig Sneakers aus und machte mich zu einem Lauf um die ganze Ortschaft auf. Ich lief durch die Einkaufszone und durch malerische kleine Viertel, später in der untergehenden Sonne am Wasser entlang. Ich stieg über schlafende Hunde, deren Besitzer im Restaurant saßen und sie draußen an den Laternenpfahl gebunden hatten. Ich wich Skateboard fahrenden Teenagern aus. Dann merkte ich, dass ich allen Leuten zulächelte und mich für Augenblicke als zu ihrer Welt gehörig empfand. Meine Umgebung, ja, die ganze Stadt war mir auf einmal sehr viel näher.

Es fühlte sich so gut an, dass ich nicht einmal darauf achtete, wie schnell ich lief. Mir wurde klar, dass ich das Laufen genießen darf, ob ich gut oder schlecht darin bin. Ich muss damit nichts beweisen, ich kann laufen, weil es einfach Spaß macht. Und allein weil ich laufe, bin ich eine Läuferin.

Inzwischen laufe ich Halbmarathons, nicht um besser zu sein als sonst irgendwer, nicht um mich mit einer weiteren Errungenschaft schmücken zu können, sondern aus purer Freude am Laufen. Ich habe auch heute noch manchmal diesen Anflug von Übelkeit beim Laufen, aber ich halte dann einfach an oder drossle das Tempo, und zwar ohne an meiner Stärke und Entschlossenheit zu zweifeln.

Das Laufen befriedigt mich nicht nur beim Überqueren der Ziellinie, sondern auf der ganzen Strecke. Ich laufe nicht mehr, um irgendetwas zu beweisen. Ich genieße beim Laufen das Gefühl der Dankbarkeit dafür, dass ich mich in dieser Welt bewegen kann. Laufen als Selbstbestrafung, so etwas gibt es nicht mehr. Vielmehr ist es eine Praxis, die dazu dient, meine Umgebung immer tiefer und liebevoller wahrzunehmen. Manchmal laufe ich langsamer als angemessen erscheint, aber ich gebe nichts mehr auf das, was als angemessen beurteilt wird. Ich bleibe nah an meinen Körperempfindungen beim Laufen und versuche nicht mehr, über sie hinwegzugehen.

Es lässt sich nicht beschönigen: Die meisten aus meiner achten Klasse würden mich auch heute noch abhängen. Nach wie vor schaffe ich eine Meile nicht in acht Minuten, aber ich lasse das Vergleichen sein. Ich tue meinem Körper keine Gewalt an, ich urteile nicht und bin mit meiner Leistung einverstanden. Wenn wir uns zugestehen, uns auch an den Dingen zu freuen, die wir nicht so gut drauf haben, erschließen wir uns eine ganze Welt neuer Erfahrungen.

Mir ist aufgefallen, dass es zwei Arten von Läufern gibt (oder ganz allgemein von Leuten, die etwas leisten). Die einen laufen, weil sie etwas zu beweisen haben. Die anderen wissen, dass sie nichts beweisen müssen. Die einen überfordern sich, bis sie das Laufen richtig satthaben, die andern laufen ihr ganzes Leben lang und genießen jeden Augenblick.

NUR DU KANNST MIT DIR ZUFRIEDEN SEIN

Viele unserer Ziele verdanken sich dem Irrglauben, dass wir vom Erreichen unseres Ziels emotional profitieren werden. Aber es stimmt nicht, dass erreichte Ziele uns selbstbewusster oder glücklicher *machen*. Tatsächlich läuft es so, dass wir zuerst ein Ziel erreichen und uns *im Anschluss* die Erlaubnis erteilen, selbstbewusster und zufriedener zu sein. Doch das eine hängt nicht zwangsläufig mit dem anderen zusammen.

Ruf dir das Ziel in Erinnerung, an dem du gerade arbeitest. Was hattest du dir vom Erreichen dieses Ziels versprochen? Gestatte dir, jetzt schon so zu sein und zu empfinden. Vielleicht glaubst tief im Innern, dass andere Respekt vor dir haben werden, wenn du berühmt bist. Falls das so ist, kannst du dich fragen, was sich für dich ändern würde, wenn du selbst dich von jetzt an mehr respektieren würdest. Oder wenn du meinst, ein Waschbrettbauch wäre etwas, worauf du stolz sein könntest, dann überleg mal, wie es wäre, wenn du jetzt schon stolz auf dich sein könntest.

In den meisten Fällen ist das, was du mit einem Ziel erreichen möchtest, genau das, was du dir eigentlich selbst geben musst. Es stimmt einfach nicht, dass erst solche äußeren Errungenschaften dich erfüllen werden. Bei allem, was dir aufgrund der Umstände zu fehlen scheint, seien es Gefühle, Einstellungen oder Eigenschaften, handelt es sich um lauter Dinge, die du selbst dir vorenthältst.

Wir glauben gern, wir könnten erst dann mit uns zufrieden sein, wenn andere es sind. In Wirklichkeit (siehe Natasha Bedingfield) kann kein anderer Zufriedenheit für uns empfinden. Nur wir können sie uns zugestehen.

DEIN GUTES ICH,
DEIN SCHLECHTES ICH

Wie ich eingangs erzählt habe, war ich am Anfang meiner Schulzeit eine Undercover-Nixe. An allen Schultagen trug ich unter meiner normalen Kleidung ein Meerjungfrauenkostüm aus einem violetten Top und einem »Nixenschwanz«. Mein heimliches Nixentum machte mich zu etwas unzweifelhaft Bedeutendem, als verfügte ich über Zauberkräfte, von denen nur ich etwas wusste. Wenn die anderen gemein zu mir waren oder ich von Lehrern zurechtgewiesen wurde, war das nicht weiter schlimm: Ich wusste, was sie nicht wussten, nämlich dass ich was ganz Besonderes war.

Damals dachte ich noch nicht, dass mit mir etwas nicht stimmte. Ich wusste tief im Innern um meinen Wert. Wir alle erinnern uns an eine Zeit in unserem Leben, in der wir noch nicht zu dem Schluss gelangt waren, dass wir wohl auch schlechte Seiten haben. Wie sieht deine Erinnerung an diese Zeit aus, als du noch nichts an dir auszusetzen hattest? Damals gab es nichts Gutes oder Schlechtes an dir, einfach weil du noch ganz warst. Du hattest nichts zu verbergen und nichts zu beweisen. Stell dir dich selbst in diesem Alter vor. Wie hast du die Welt gesehen? Wie hast du dich ausgedrückt? Wie war dir beim Spielen zumute? Was war das für ein Gefühl, dich selbst als ganz und gar richtig zu erleben?

Und kannst du dich jetzt erinnern, wie das war, als du das erste Mal das Gefühl hattest, etwas verbergen zu müssen, weil du nicht gut genug warst? Als du zu dem Schluss kamst, dass etwas an dir schlecht, unerwünscht, unzulässig, wertlos ist? Stell dir vor, du hast ein großes Fotoalbum auf den Knien liegen, das lauter Bilder von dir im Kindesalter enthält. Innerlich blätterst du jetzt durch dieses Bilderbuch der Erinnerungen. Bei jedem Umblättern siehst du dich in einer neuen Szene, immer ein bisschen älter. Frag dich bei jeder Szene, wie du dich selbst damals gesehen hast. So gehst du nach und nach deine Erinnerungen durch, bis du eine Zeit erreichst, in der sich dein Bild von dir änderte. Das Wissen, dass dein Wert naturgegeben ist, verblasste. Stattdessen gingst du von nun an davon aus, deinen Wert immerzu unter Beweis stellen zu müssen.

Wann hat das Leben aufgehört, ein Spiel zu sein? Liebe schenken und bekommen – ab wann ging das nicht mehr einfach so? Wann genau war das? Was brachte dich auf den Gedanken, dass mit dir etwas nicht stimmt? Wenn du keinen besonderen Vorfall in Erinnerung hast, macht das nichts. Wichtig ist nur, dich zu erinnern, dass du nicht immer dachtest, du müsstest deinen Wert unter Beweis stellen. Auf diese Idee bist du erst gekommen, als du einmal den Eindruck hattest, wertlos zu sein.

Diese Schlussfolgerung hat deine Ganzheit zerstört und dich dazu veranlasst, dich gegen dich selbst zu wenden. Von da an gab es zwei miteinander im Krieg liegende Seiten in dir, eine gute und eine schlechte. Du hast dir gesagt, dass du nicht ganz und gar gut bist und alles daransetzen musst, das Schlechte in dir durch Leistung zu besiegen, um dich dann hoffentlich wieder gut genug finden zu können.

Du hast dich selbst gespalten: in einen Teil, der nicht gut genug ist, und in einen anderen, der das übertünchen und überspielen muss. Der wertlose Teil ist der Teil, der Kränkung und

Verletzung erfahren hat, der sich abgelehnt fühlte, der sich schämte oder verraten fühlte, der sich Liebe wünschte und keine bekam, der sich nirgendwo zugehörig fühlte und vergeblich nach Bestätigung suchte.

Der Überlebenstrieb setzte sich durch und befand, du solltest diesen Teil deiner selbst lieber ganz ausschalten, als noch weitere Verletzungen zu riskieren. Deine gute Seite begann, sich mit Leistungen gegen die schlechte durchzusetzen. Zunehmend hast du Wünsche und Bedürfnisse unterdrückt, die dein Leistungsniveau minderten und dir damit die Chance verbauten, deinen Wert unter Beweis zu stellen. So hast du dich auch immer mehr von deiner Lebendigkeit abgeschnitten. Du bist in den Überlebensmodus übergegangen.

Bei mir war es der erwähnte sexuelle Übergriff, der mich auf den Gedanken brachte, ich sei nicht gut genug. Ich war sicher selbst schuld an der ganzen Sache und musste mit allen Mitteln verhindern, dass herauskam, was für ein schlimmes Mädchen ich in Wirklichkeit war. An diesem Tag starb meine geheime Meerjungfrau, und an ihre Stelle trat eine Despotin, deren Machtinstrumente Zwanghaftigkeit, Perfektionismus und eine Essstörung waren.

Mit der Essstörung wollte ich das in mir abtöten, was ich für wertlos hielt. Indem ich meinem Hunger nicht mehr nachgab, wollte ich diese ungeliebte Seite in mir aushungern. Da ich meinen natürlichen Wert nicht kannte, machte ich mich von äußeren Anzeichen der Wertschätzung abhängig. Als gute Noten, Preise und Führungspositionen diesen Hunger nicht mehr stillen konnten, verlegte ich mich aufs Abnehmen, ließ mir sagen, ich sei schön, und nahm Jobs als Model an. Den Wunsch nach etwas wirklich Nährendem, nach echter Anerkennung und Liebe, unterdrückte ich. Denn wenn ich solche Gefühle zuließ, würde dann nicht mein Leistungswille nachlassen und offenbar werden, dass doch nicht so viel mit mir los war?

Meine Geschichte ist nur eins von vielen Beispielen dafür, wie man sich selbst bekämpfen kann. Die Details meiner Geschichte gelten nur für mich. Aber solltest du ebenfalls eine Geschichte haben, die davon erzählt, dass du erst gut genug warst und später nicht mehr, würde ich vermuten, dass sie ähnliche Grundmuster aufweist. Essstörung und Leistungszwang waren bei mir einfach die äußere Erscheinungsform des universalen Grundübels, sich wertlos zu fühlen.

Vielleicht betäubst du dieses Gefühl mit Alkohol statt mit Diäten. Vielleicht kompensierst du es, indem du nicht unbedingt spindeldürr, dafür aber immer witzig und nett bist. Und vielleicht sieht dein Leistungsanspruch keine guten Noten vor, sondern zwingt dich, durch alle Betten zu turnen.

Ganz sicher hast du eine andere Geschichte als ich. Dein Eindruck, nicht gut genug zu sein, kann einfach dadurch entstanden sein, dass du beim Softball nur mit knapper Not in ein Team gewählt wurdest. Vielleicht war es auch etwas Ernsteres wie Missbrauch oder Vernachlässigung. Mach den Schweregrad des Vorfalls nicht zum Kriterium deiner Selbsteinschätzung. Und sei nicht enttäuscht, wenn du gar keinen bestimmten Vorfall benennen kannst. Rekonstruiere einfach deine Geschichte, um zu erkennen, dass irgendwann deine Ganzheit verloren gegangen ist und dein Selbstwertgefühl großen Schaden genommen hat.

Geh von deinen aktuellen Zielen aus zurück zu der Stelle, an der dein Gefühl von Wertlosigkeit erstmals auftrat. Wann fing das an, dieses Gefühl, dass du so, wie du bist, irgendwie nicht genügst und künftig immer daran arbeiten musst, dich als würdig zu erweisen? Wenn du dir zum Beispiel einen beruflichen Aufstieg wünschst, der dir mehr Selbstsicherheit geben soll, dann frag dich: Wann hat das angefangen, dass ich mich unsicher oder ungeliebt fühle?

Versuche nun, die folgenden Sätze zu vervollständigen:

Als damals _____ passierte, hatte ich das Gefühl, nicht _____ genug zu sein. Ich sagte mir, dass ich _____ sein/leisten muss, um zu beweisen, dass ich doch _____ bin. Erst wenn das erreicht ist, kann ich mich so fühlen, wie ich gern möchte, nämlich _____ .

Wenn du kein bestimmtes Erlebnis als Auslöser für diese Gefühle nennen kannst, ist das nicht schlimm. Wichtig ist zu bemerken, dass dein jetziges Erfolgsstreben auf einem in der Vergangenheit entstandenen Gefühl von Unzulänglichkeit beruht.

Unsere weitere Arbeit besteht nun darin, diese wunde Stelle in uns, die eigentlich gar nicht sichtbar werden möchte, zum Vorschein zu bringen. Wir haben sie mehr oder weniger lange hinter unseren Leistungen und Erfolgen versteckt, aber sie muss aufgedeckt werden, damit wir sie als etwas Wertvolles an uns erkennen und annehmen können.

Erst wenn wir uns direkt den unbewussten Gedankengängen zuwenden, die unsere Leistungsfalle aufrechterhalten, finden wir zu unserer eigenen Kraft zurück. Solange sie unserem Blick entzogen bleiben, beherrschen sie uns. Solange wir unseren Wert mit Leistungen und Erfolgen unter Beweis stellen möchten, sitzen wir in der Falle fest.

Ich weiß aus eigener Erfahrung, dass es nicht unbedingt leicht ist, Sinn und Zweck unseres Leistungswillens infrage zu stellen. Sind wir ohne unsere Errungenschaften nicht einfach

Versager und Loser? Aber keine Sorge. Lies weiter und du wirst erkennen, dass die mit Erfolgen verbundene kurzzeitige Befriedigung sowieso nur ein Trostpreis ist. Der wahre Lohn liegt in der Entwicklungschance, die sich uns bietet, wenn wir unseren Erfolgsdrang einmal hinterfragen.

DIE ILLUSION,
AN DIE DU GLAUBST

In den Harry-Potter-Geschichten speichert der »dunkle« Lord Voldemort Teile seiner Seele in sogenannten Horkruxen. Auf diese Art erreicht er, dass er selbst dann am Leben bleibt, wenn Teile seiner Seele vernichtet werden. Jeder neue von ihm geschaffene Horkrux schützt ihn zwar noch besser vor dem Tod, verlangt aber auch, dass er seine Seele immer weiter zersplittert. Mit diesem Vergleich lässt sich verdeutlichen, was geschieht, wenn wir uns einreden, wir seien unzulänglich. Wenn wir das tun, trennen wir uns von einem Teil unserer Kraft und schränken das, was wir zu sein glauben, weiter ein. Wie Voldemort mit seinen Horkruxen geht es uns dabei um Selbstschutz. Dahinter steckt der Gedanke, dass wir uns weitere Enttäuschungen ersparen können, wenn wir das in uns unterdrücken, was nicht gut genug ist. In Wirklichkeit spalten wir uns jedoch nur immer weiter auf.

Durch bloßes Hinterfragen überwinden wir solche Überzeugungen und bekommen die in ihnen eingeschlossene Kraft und Wahrheit zurück. Dann steht uns die Energie wieder zur freien Verfügung, die bis dahin in der Aufrechterhaltung solcher Glaubenssätze gebunden war. Wir entwickeln uns über das hinaus, was wir bis dahin zu sein glaubten.

Wie Voldemort sein Leben durch die Aufspaltung seiner Seele sichern wollte, so überlebt das Ego durch die Unterscheidung zwischen »gut« und »schlecht«. Es glaubt an Begrenzung und Trennung. Kaum hinterfragen wir solche Überzeugungen, sieht das Ego seine Identität bedroht und kämpft um sein Leben. Deshalb musst du, wenn du wirklich etwas bewegen willst, erst einmal bereit sein, dich anders zu sehen. Nimm einfach das Unbehagen auf dich, das zu erwarten ist, wenn du deine alte Identität nicht mehr akzeptierst. Solange du recht behalten möchtest, was deine bisher angenommene Begrenztheit angeht, wirst du kaum zu einer anderen Sicht der Dinge kommen.

AUF DEN STANDPUNKT KOMMT ES AN

Sobald wir mit den angstvollen Überzeugungen aufräumen, an denen unser Denken festhält, um uns unter Kontrolle zu halten, gewinnen wir unsere wahre Kraft und Authentizität zurück. Dann erschließt sich uns der Zauber unseres wahren Wesens.

Hier eine Übung, mit der du deine Horkruxe knacken und deine Kraft zurückbekommen kannst. Die Glaubenssätze, die uns klein machen, mögen noch so überzeugend wirken, es gibt immer eine andere, zutreffendere Sicht der Dinge, die uns aufbaut – und das führt diese Übung dir vor Augen.

Was siehst du hier? Ein Tier, nicht wahr? Manche erkennen zuerst ein Kaninchen, andere eine Ente. Für beide Möglichkeiten gibt es Anhaltspunkte: Das Kaninchen schaut nach rechts, seine langen Ohren weisen nach links. Die Ente blickt nach links, ebenso zeigt ihr Schnabel nach links.

Wenn wir das Bild einmal als Kaninchen oder Ente erkannt haben, neigen wir erst einmal dazu, nur diesen Eindruck wahrzunehmen und dessen Richtigkeit zu bestätigen. Wir suchen nicht nach Anhaltspunkten für eine andere Deutung, sondern gehen davon aus, dass es sich wirklich um das handelt, was wir zuerst erkannt haben. Wer als Erstes ein Kaninchen sieht, ist davon überzeugt, dass ein Kaninchen abgebildet ist, und wer als Erstes eine Ente sieht, ist der festen Meinung, dass eine Ente dargestellt ist.

Der Neurowissenschaftler Robert A. Burton hebelt in seinem Buch *On Being Certain: Believing You Are Right Even When You're Not* die verbreitete Annahme aus, wir könnten uns der Richtigkeit unserer Gedanken sicher sein. Bei diesem Gefühl der Sicherheit, schreibt er, handelt es sich »höchstwahrscheinlich um einen biologisch bedingten, unwillkürlichen und unbewussten Eindruck, der kein zuverlässiges Kriterium für die Richtigkeit unserer Sicht der Dinge darstellt«.

Es trifft nicht zu, dass es sich um ein Kaninchen *oder* eine Ente handelt. Beides sind mögliche Deutungen dessen, was wir sehen. Sobald wir meinen, die Darstellung richtig erkannt zu haben, sehen wir andere mögliche Auslegungen nicht mehr. Sind wir auf die Ente fixiert, sehen wir das Kaninchen nicht – und umgekehrt. Andere mögliche Deutungen springen uns erst dann ins Auge, wenn wir die Überzeugung aufgeben, wir wüssten, was da zu sehen ist. Dazu kommt es jedoch oft nicht, weil wir unseren Gedanken Glauben schenken und sie nicht hinterfragen. Wenn wir eine Ente sehen, lassen wir die Kaninchen-Möglichkeit nicht mehr zu.

Genauso ist es, wenn wir meinen, wir seien so oder so, denn damit beschneiden wir das Spektrum unserer Möglichkeiten. Sogar positive Annahmen über uns selbst schränken uns ein. Wenn ich mich als netten Menschen sehe, habe ich mich in die Schublade »nett« gesteckt. Jetzt kann ich nicht mehr kompromisslos und bestimmt auftreten, wenn es notwendig wäre, weil ich ja nett und umgänglich zu sein habe.

Wir werden ohne Vorstellungen von uns selbst geboren, keine Zuschreibungen schränken uns von vornherein ein. Dann jedoch gehen wir wie Detektive durchs Leben und versuchen zu ermitteln, wer wir sind. Wir treffen Annahmen über uns selbst, weil wir uns einbilden, dass Erkenntnisse dieser Art das Leben leichter machen. Aber mit jeder dieser Annahmen führen wir uns hinters Licht. Wir legen uns auf eine der unendlich vielen möglichen Betrachtungsweisen unserer selbst fest und leben dann so, als hätten wir uns für die richtige Sicht der Dinge entschieden. Anschließend suchen wir dann überall nach Anhaltspunkten dafür, dass unsere Selbsteinschätzung zutrifft. Was für ein blöder Quatsch!

Etwas weiter vorn hast du herausgefunden, dass es in deiner Vergangenheit etwas gab, das dich zu dem Schluss brachte, dass du nicht _____ genug bist. Du wolltest darin recht behalten und hast angefangen, Beweise für die Richtigkeit deiner These zu sammeln. Und wenn du welche finden konntest, untermauerten sie deine Überzeugung, sodass es schließlich überhaupt nicht mehr möglich war, dich anders zu betrachten.

Als ich in meiner Kindheit zu dem Schluss kam, dass ich schlecht bin, konnte ich von da an nur noch das sehen. Eine Zwei bei einer Ex bedeutete, dass ich schlecht war. Wenn ich nicht zur Klassensprecherin gewählt wurde, war damit bewiesen, dass ich schlecht war. Entdeckte ich irgendwo Fett an meinem Körper, war ich selbstverständlich auch schlecht. Ich war von meinem Körper zunehmend angewidert, denn nur diese Reaktion passte zu dem, was ich grundsätzlich von mir hielt. Ich hätte meinen Körper damals unmöglich als gesund und schön erleben können, das hätte sich nicht mit meiner Einstellung zu mir selbst vertragen.

Eine Zwei in der Schule, nicht gewählt werden, Fett am Körper – solche Dinge bedeuteten natürlich nicht von sich aus, dass ich schlecht war. Ich *gab* ihnen diese Bedeutung, weil ich mit meiner Selbsteinschätzung recht behalten wollte. Ob du es glaubst oder nicht, du machst das auch, da bin ich völlig sicher. Du bist überzeugt zu wissen, wie du bist, und du wirst eher auf Freiheit, Frieden und Glück verzichten, als einzuräumen, dass du dich in deiner Selbsteinschätzung irren könntest.

All deine Annahmen über deine eigene Person wirken so zusammen, dass eine Ego-Identität entsteht, ein falsches Selbst, das du aber für dein wahres Ich hältst. Und du lebst immer mehr so, als wärst du wirklich dieses unwahre Ich. Mit dem Satz »Ich bin _____« hast du dich selbst zum Objekt gemacht. Das ist immer so: Wenn du dich als etwas bezeichnest, objektivierst du dich.

Wenn du einmal angefangen hast, dich als Objekt zu sehen, suchst du natürlich im Außen Orientierung, um herauszufinden, was für ein Objekt du bist. Du wirst vollkommen von der Einschätzung anderer abhängig. Du möchtest von ihnen wissen, ob du ein ganz gutes oder ein nicht so gutes Objekt bist. Und du siehst Erfolge und Misserfolge als Beweise für das eine oder das andere.

Du hast vergessen, wer du bist. Du hast vergessen, dass du kein Ding bist. So bist du keine grenzenlose Potenzialität mehr, sondern nur noch eine fixe Idee. Du hast dich zu einer Sache gemacht und bist nicht länger ein Mensch mit all den ihm gegebenen Möglichkeiten. »Ist« ist ein gewalttätiges Wort. Es tötet Möglichkeiten ab. Wenn wir von uns und anderen sagen, wir oder sie seien so oder so, verweigern wir uns die Möglichkeit, auch anders zu sein. Tatsächlich sind wir Vexierbilder mit Millionen möglicher Deutungen, von denen keine die *richtige* ist. Wenn wir uns einbilden, dass wir uns und andere sehen, wie wir oder sie *sind*, sitzen wir einer Illusion auf.

Wayne Dyer hat einmal gesagt: »Betrachte die Dinge anders, und du wirst andere Dinge sehen.« Anstatt also erst festzulegen, wie wir sind, um anschließend zu versuchen, diese Theorie zu untermauern, könnten wir uns so »erfinden«, wie wir sein möchten, um dann danach Ausschau zu halten, wie sich belegen lässt, dass wir wirklich so sind.

Wenn sich jemand beispielsweise als dumm eingestuft hat, jetzt aber für möglich hält, dass er in Wahrheit intelligent ist, kann er sich nach Anhaltspunkten dafür umsehen. Plötzlich fallen ihm lauter Beispiele für seine Intelligenz ein, die er einfach nicht sehen konnte, solange er sich für dumm hielt.

Ihm wird dabei auch klar, dass er weder ein für alle Mal objektiv dumm noch ein für alle Mal objektiv klug ist, sondern dass es sich nur um zwei mögliche Betrachtungsweisen handelt und er das wählen kann, was ihm am meisten Auftrieb gibt. Sieht er sich als klug, werden andere ihn darin bestätigen, und er wird sich seinem neuen Glauben entsprechend ändern.

GLAUBENSSÄTZE ÜBERWINDEN

Damit wir uns diese Freiheit einräumen können, werden wir jetzt unsere starren Vorstellungen von uns selbst überprüfen. Weiter vorn hast du den Glaubenssatz »Ich bin nicht ⎯⎯⎯⎯⎯⎯ ⎯⎯⎯⎯⎯⎯⎯⎯ genug« ergänzt. Auf diesem Satz beruht dein ganzer Stress im Zusammenhang mit deinen Zielen. Er hält dich in der Leistungsfalle fest.

Ohne diesen Glaubenssatz wären deine Ziele der natürliche Ausdruck deiner selbst. Sie würden dir Spaß machen, dich erfüllen und dich befriedigen. Wir werden ihn jetzt infrage stellen. Ich lege dir nahe, diese Übung auch dann zu machen, wenn du meinst, dass du dich nicht für ungenügend hältst. Denn wo Stress ist, muss irgendwo auch Zweifel am eigenen Wert bestehen.

Wenn eine Aussage als wahr gelten soll, muss sie diesen drei Kriterien genügen:

1. Sie muss die einzig mögliche Deutung sein.
2. Absolut nichts darf gegen sie sprechen.
3. Sie muss jederzeit und unter allen Umständen zutreffen.

Jetzt frag dich, ob deine obige Einschätzung, nicht ———————— ———————— genug zu sein, wirklich allen drei Kriterien genügt und deshalb als objektive Wahrheit gelten kann. Würde deine Aussage unter dem Mikroskop Bestand haben? Stimmt es auf der »molekularen« Ebene, dass du so bist? Sicher kannst du einiges anführen, was für deine Überzeugung spricht – genau so, wie jemand, der in unserem Vexierbild eine Ente erkennt, Gründe dafür nennen kann. Aber die Gründe bekräftigen eben nicht, dass der Eindruck richtig ist. Wenn du bei irgendetwas mal versagt hat, besagt das nicht, dass du grundsätzlich unzulänglich bist. Und wenn du einmal verlassen oder abgelehnt worden bist, heißt das nicht, dass du nicht liebenswert bist.

Gute Gründe sprechen nicht gegen die Möglichkeit, dass die Dinge auch ganz anders liegen könnten. Wenn dein Glaubenssatz den Test auf objektive Wahrheit nicht besteht (und mir ist noch niemand begegnet, der oder die eine objektiv richtige Überzeugung von sich selbst hatte), bedeutet das automatisch, dass man die Dinge auch anders sehen kann. Frag dich also: »Wenn es nicht stimmt, dass ich nicht ———————— genug bin, weshalb habe ich mir das dann eingeredet und so getan, als wäre es so?«

Wirklich, bleib mal bei dieser Frage. Welchen heimlichen Gewinn hat dein Ego von diesem Glauben, dass du es einfach nicht draufhast? Weshalb redet man sich ein, nicht gut genug zu sein, wenn dies unter allen denkbaren Haltungen gegenüber sich selbst diejenige ist, die überhaupt nicht aufbauend wirkt, sondern genau das Gegenteil auslöst? Wie kommst du darauf, an deine Armseligkeit glauben zu wollen? Damit du dich nicht für deinen Reichtum und deine Größe verantwortlich fühlen musst? Damit du dich davor drücken kannst, ernsthaft all das in Angriff zu nehmen, was du wirklich möchtest? Damit du dich bemitleiden kannst? Damit du recht behältst in deiner Einschätzung, nicht _____ genug zu sein? Damit du weiter das Opfer deiner alten Verletzungen spielen kannst?

Du fühlst dir nicht auf den Zahn, um dich mal wieder richtig schuldig zu fühlen, sondern um endlich zu deiner eigenen Kraft zurückzufinden, damit du schließlich lachen kannst über diesen unglaublichen Blödsinn, dir in den Kopf zu setzen, du seist nicht gut genug.

Du hast dir eine Theorie über dich zurechtgelegt. Und um deren Richtigkeit nachzuweisen, hast du das Spektrum dessen, was für dich möglich ist, stark beschnitten. Das entbindet dich zugleich von der Aufgabe, ganz du selbst zu sein. Du hast dir weisgemacht, mit dir sei etwas nicht in Ordnung, damit du dich nicht in deiner vollen Größe zeigen musst. Sobald du erkennst, wie du dich damit selbst hinters Licht führst, bist du frei.

Täusch dich nicht: Der Glaube an deine Unzulänglichkeit zeugt nicht von Bescheidenheit, sondern von Unvernunft. Von dem Gedanken, dass du nicht gut genug bist, hat niemand etwas. Du wirst dadurch kein besserer Mensch. Er sorgt nur dafür, dass du sinnlos schuftest, um einen Mangel auszugleichen, den es gar nicht gibt. Lediglich unsere Ego-Identität profitiert von Glaubenssätzen, die uns klein machen. Niemand hat etwas von ihr. Sobald du dich bereit fühlst, auf solches Ego-Futter zu verzichten, kannst du eine Perspektive einnehmen, die dich nährt und stärkt.

Jetzt schlag dein Tagebuch auf und vervollständige diese Geschichte: »Früher einmal wusste ich, dass mit mir alles in Ordnung ist und dass ich alles schaffen kann, was ich mir vornehme. Irgendwann wurde es mir langweilig zu denken, dass ich total richtig bin, und ich dachte, es würde vielleicht Spaß machen, so zu tun, als stimmte irgendwas nicht mit mir. Denn dann müsste ich mich in Ordnung bringen und mich beweisen und wäre beschäftigt. Ein spannendes Leben!

Diese Story über das, was mit mir nicht stimmt, hab ich mir einfallen lassen:

_____

_____

_____

_____

_____

_____

_____

_____

_____ .

_____

Die Story erwies sich als höchst interessant. Schon bald wusste ich nicht mehr, dass es sich nur um eine Geschichte handelte. Ich fing sogar an zu glauben, dass mit mir wirklich etwas nicht stimmt. Dass ich mir absolut alles zutraute, war damit auch vorbei. Von da an glaubte ich, ich müsste mich in Ordnung bringen und anderen meinen Wert beweisen, bevor ich das tun kann, was ich wirklich gern tue.

Um das zu erreichen, habe ich ...

_____

_____

_____

_____

_____

_____

_____

_____

_____ .

Was mir damals nicht auffiel: Es kam mir gelegen, mich als »kaputt« zu betrachten und davon auszugehen, dass ich mich erst »reparieren« musste, bevor ich das tun konnte, was ich wirklich tun wollte. Letzteres war nämlich riskant und gefährlich. Solange ich damit beschäftigt war, mich in Ordnung zu bringen, konnte ich schwierigen Dingen ausweichen oder sie vor mir herschieben. (Ich konnte es beispielsweise vermeiden, meinem Traum nachzugehen, mich angreifbar zu machen, aufrichtig zu sein, Misserfolge oder Blamagen zu riskieren, an dem dranzubleiben, was ich wirklich möchte.)

Diesen Dingen gehe ich aus dem Weg:

_____

_____

_____

_____

_____

_____

_____

_____

_____ .

Kurzer Zwischenstand: Wie geht es dir damit? Kannst du über dich lachen? Wenn ja, bist du auf dem richtigen Dampfer. Wenn nicht, glaubst du wohl immer noch an deine Geschichte. In dem Fall solltest du jetzt die Lektüre unterbrechen und für dich klären, weshalb du noch immer an der Vorstellung festhältst, dass du nicht gut genug bist.

Zieh die Möglichkeit in Betracht (auch wenn du sie bisher nicht sehen konntest, weil dein Gehirn ganz auf den Irrglauben an deine Unzulänglichkeit fixiert war), dass du so, wie du bist, absolut vollwertig, gut genug und kompetent, ja, vollkommen bist. Du bist grenzenlos. Das ist aber keine Wahrheit – du erinnerst dich, dass es keine objektiven Wahrheiten über dich gibt –, sondern nur ein bestimmter Standpunkt. Du brauchst keine Beweise dafür. Aber wenn du diesen Standpunkt eingenommen hast, wirst du die zahllosen Anhaltspunkte, die für seine Richtigkeit sprechen, endlich sehen.

Aber du kannst nicht beweisen, dass du gut genug bist, solange du es selbst noch nicht glaubst. Das wäre so, als würdest du auf dem Vexierbild ein Kaninchen suchen, ohne zu glauben, dass überhaupt eines vorhanden ist. Solange du dich für nicht gut genug hältst, kannst du nur deine Inkompetenz sehen – wie du auch nur eine Ente erkennen kannst, wenn ich dir vorher sage, dass ich dir ein Entenbild zeigen werde. Das Kaninchen ist genauso klar zu erkennen, aber du siehst es nicht, wenn du auf Ente geeicht bist.

Wenn du einschränkende Glaubenssätze loswerden möchtest, musst du erst einmal deine noch nie beachtete Großartigkeit wahrnehmen und darauf bauen. Du musst jetzt schon an die Kräfte deines noch unerkannten wahren Ichs glauben.

Alle Überzeugungen sind in gewisser Weise Prophezeiungen, die sich selbst bewahrheiten. Wenn du also ein ganz knallharter Typ sein willst, den nichts davon abhalten kann, die Welt zu verbessern, musst du dich selbst erst einmal so *sehen* – nur dann stellen sich auch äußerlich erkennbare Anzeichen dafür ein.

Falls du glaubst, dass du Mängel deiner Person ausgleichen und mehr leisten musst, um gut genug zu sein, mach dir bitte klar, dass du genauso gut denken kannst: »Ich bin völlig okay, wie ich bin. Ich bin grenzenlos.« Erst wenn du bewusst den Glauben an deine Vollkommenheit wählst, lohnt es sich, nach Beweisen dafür Ausschau zu halten.

Hast du deinen Standpunkt einmal in diesem Sinne geändert, wirst du merken, dass es Leute gibt, die dich unabhängig von deinen Leistungen und Erfolgen lieben. Dir wird auffallen, dass Liebe auf allen möglichen Wegen zu dir findet, die du nicht wahrnehmen konntest, solange du das »Schlechte« an dir vertuschen und irgendwie kompensieren musstest. Und du wirst erleben, dass du dich auch dann gut fühlen kannst, wenn du bei irgendetwas mal nicht gewinnst. Du bist zunehmend an das in dir angeschlossen, was von äußeren Umständen ganz unabhängig ist. Du fängst an, dir deines naturgegebenen Wertes immer mehr bewusst zu werden.

Die meisten von uns glauben, sie brauchten Beweise dafür, dass sie liebenswert sind. Aber wenn du irgendeinen Menschen verstehen willst, musst du ihn erst einmal lieben. Wir können uns selbst erst wirklich erkennen, wenn wir uns lieben. Deshalb: Liebe dich zuerst, dann kannst du dich verstehen. Notiere in deinem Tagebuch fünf Anhaltspunkte dafür, dass du so, wie du jetzt bist, gut genug bist. Solltest du nichts finden, hältst du wohl noch an dem Irrglauben fest zu wissen, wer du bist. Du gehst davon aus, mit der Annahme, dass du begrenzt bist, richtig zu liegen. Du musst erst an deine Vollkommenheit glauben, dann kannst du dich nach Dingen umsehen, die für die Richtigkeit dieser Überzeugung sprechen.

Nicht nur bestimmte Menschen sind vollkommen, sondern jeder, auch du – einerlei, was du getan hast oder was dir angetan worden ist. Glaub nicht, du wärst durch irgendwelche schlimmen Erfahrungen aus deiner Vergangenheit davon ausgeschlossen.

Absolut jeder Mensch auf dieser Erde ist vollkommen und ohne Grenzen. Keiner hat etwas davon, dass wir uns oder andere als begrenzt sehen. Niemand wird dadurch besser. Im Gegenteil, wir entwickeln uns nicht weiter und kommen nicht von unseren Scheuklappen los. Strafen erziehen niemanden dazu, sich als vollkommen und unbegrenzt zu sehen, als Gefäß der Liebe und Güte.

Solange wir nicht am Wahrheitsgehalt und der Notwendigkeit unserer Gedanken zweifeln, ist unser Leben davon bestimmt, wie wir auf sie reagieren. Wir werden mit unseren Annahmen, dass etwas oder jemand so »ist«, Gewalt gegen uns und andere rechtfertigen. Erst wenn uns klar wird, dass nichts einfach wahr ist, steht es uns frei, den Standpunkt einzunehmen, der für uns und andere am meisten Selbstbestimmung, Liebe und Freiheit mit sich bringt.

In ihrem Buch *Essen ist nicht das Problem* schreibt Geneen Roth: »Wenn du begreifst, dass deine innere Stimme nicht die Wahrheit sagt, ist das so, als würdest du dich nach Jahren in Ketten aus deiner Geiselhaft befreien.« Nimm dieser Stimme also nicht einfach ab, was sie dir sagt, sondern frag dich, ob du dir sicher sein kannst, dass sie die Wahrheit sagt und dir wirklich hilft. Wenn das nicht der Fall ist, sieh dich nach einer anderen Sichtweise um, die liebevoll und befreiend wirkt und dich wirklich stärkt. Erst wenn wir bereit sind, an unserer eigenen Sicht der Dinge zu zweifeln, lohnt es sich, nach Beweismaterial für eine andere mögliche Wahrheit Ausschau zu halten.

DU WIRST DICH IN KEIN MONSTER VERWANDELN

Inzwischen leuchtet dir hoffentlich mehr und mehr ein, dass du vollkommen bist, ob du Nachweise dafür bringst oder nicht, und dass diese Sicht der Dinge jederzeit gültig ist. Aber vielleicht zögerst du doch noch, dir diesen Standpunkt wirklich zu eigen zu machen, weil du meinst, dass Überzeugungen, die dich kleinmachen, Sicherheit und Liebe versprechen.

Oder vielleicht sagt dir eine innere Stimme nach wie vor, dass es naiv und egozentrisch ist, an deinen naturgegebenen, durch nichts bedingten Wert zu glauben. Oder dass du dich in einen faulen Nichtsnutz verwandelst, wenn du aufhörst, dich zu beweisen, in ein Monster, das absolut nicht liebenswert ist und deshalb ausgegrenzt wird.

Gibt es da eine Stimme, die so redet? Das ist deine Angststimme, dieser rücksichtslose Rüpel. Sie entstand, als du zum ersten Mal zu dem Schluss kamst, dass du nicht genügst. Du hattest den Eindruck, dass mit dir etwas nicht stimmt und du das überspielen musst, um weiterhin dazuzugehören und akzeptiert zu sein. Nicht akzeptiert zu sein, bedeutete für unsere fernen Vorfahren, dass man aus der Gemeinschaft ausgeschlossen wurde, was einem Todesurteil gleichkam. Die Evolution hat diese Programmierung noch nicht überschrieben, sodass wir sofort unser Leben bedroht sehen, wenn unsere Zugehörigkeit nicht gesichert zu sein scheint. Unser Körper sagt uns auch, dass wir vielleicht sterben, wenn wir unsere Ziele nicht erreichen. Deshalb sind diese auch so stressbelastet.

Deine Angststimme mahnt ständig, dass dein Leben bedroht ist, sollte die Welt von deiner Wertlosigkeit erfahren, dass der Teufel dich holen wird, wenn herauskommt, dass du nicht perfekt bist. Dann sagt diese Angststimme auch noch, dass du auf keinen Fall an deine Vollkommenheit glauben darfst. Denn dann würdest du aufhören, deine Schwächen zu kompensieren, die Leute würden dir auf die Schliche kommen, und du wärst erledigt.

Oft beugen wir uns gläubig dieser Angststimme. Wir zweifeln nicht an ihren Aussagen, weil sie so tut, als wäre sie eine höhere Offenbarung. Aber in Wirklichkeit ist es so, dass wir in aller Regel nicht ernsthaft gefährdet sind, wenn uns etwas misslingt. Meist hat die Angststimme gar keine Ahnung, wovon sie eigentlich redet. Und man kann wirklich nicht sagen, dass sie uns zu einem erfüllten Leben verhilft.

Aber wir können sie erst in den Griff bekommen, wenn wir ihr zugehört haben. Sie wünscht sich die Gelegenheit, alles sagen zu dürfen. Lass sie ausreden. Verschone sie einmal mit logischen oder praktischen Einwänden. Hör dir ihre untauglichen Ratschläge an. Lass sie in ihren Katastrophenszenarien schwelgen. Mal dir den Super-GAU aus. Stell dir vor, was schlimmstenfalls passieren kann. Was droht dir die Angststimme immer an für den Fall, dass dein Leistungszwang nachlässt?

Vervollständige bitte diesen Satz:

Wenn ich_____ nicht schaffe, sagt meine

Angststimme, wird _____ passieren.

Hier zwei Beispiele: Wenn ich meinen Job verliere, sagt meine Angststimme, wird meine Familie mich für unfähig halten. Mein Partner wird mich sitzen lassen, und meine Freunde werden sich nicht mehr mit mir abgeben wollen. Ich würde alle Selbstachtung verlieren und schließlich in der Gosse landen. Oder: Wenn ich es nicht allen immer recht mache, sagt meine Angststimme, werden die Leute draufkommen, dass ich immer nur an mich denke. Sie werden mich als Mogelpackung durchschauen, und dann werde ich elend und einsam sterben.

Je alberner das klingt, was du aufgeschrieben hast, desto besser. Der erste Schritt zur Freiheit besteht darin zu erkennen, was für abwegiges Zeug die Stimme redet, die bisher über unser Leben bestimmt hat. Wir können uns nur von ihr befreien, wenn wir sie ihren ganzen Unsinn ausspucken lassen und ihr dabei fest ins Gesicht blicken.

Sie weiß, wie sie uns gängeln kann. Sie weiß, was sie sagen muss, damit wir gar nicht erst auf die Idee kommen, an ihr zu zweifeln. Jede Angststimme hat ihre ganz eigene Taktik, mit der sie ihren Inhaber kirre macht, aber im Grunde sagen alle Angststimmen: Wenn deine Leistungsbereitschaft nachlässt, kannst du Liebe vergessen. Wenn du versagst, kannst du Liebe vergessen. Wenn die Leute draufkommen, was wirklich mit dir los ist, kannst du Liebe vergessen.

Indem wir fragen, ob das wirklich wahr ist, bezweifeln wir die Glaubwürdigkeit der Angststimme. Stimmt es wirklich, dass Katastrophen drohen, wenn ich das zwanghafte Bemühen, meinen Wert zu beweisen, einfach einstelle? Gibt es wirklich keine Liebe mehr für mich, wenn ich versage?

Vielleicht kannst du einiges anführen, was für die Behauptungen deiner Angststimme spricht: Vielleicht haben deine Eltern wochenlang nicht mit dir geredet, als dein letzter Job flöten ging. Vielleicht hat sich dein Freund von dir getrennt, als du ein bisschen rundlicher wurdest. Aber wie wir im vorigen Kapitel bereits festgestellt haben: Wenn gewisse Ereignisse für die Behauptungen deiner Angststimme zu sprechen scheinen, sind sie deshalb noch lange nicht richtig. Du kannst weder beweisen, dass es eine Ente und kein Kaninchen ist, noch dass es ein Kaninchen und keine Ente ist. Wenn du ganz sicher bist, dass deine Angststimme die Stimme der Vernunft ist, musst du dir einfach sagen, dass das Gefühl der Sicherheit kein Wahrheitsbeweis ist.

Lass also deine Angststimme ihre Unkenrufe ausstoßen und dann frag dich: Ist das wirklich so? Bin ich wirklich gefährdet? Gehöre ich nicht mehr dazu oder bin nicht mehr akzeptiert, wenn ich keine Glanzleistungen mehr abliefere oder sogar versage? Ich denke, die Antwort wird eher nein lauten. Aber wenn du einen bestimmten Fall hast, bei dem wirklich schlimme Folgen zu erwarten sind, wenn du nicht lieferst, dann mal dir die Katastrophe in ihrer ganzen Breite aus. Stell dir den Worst Case mit allen Folgen vor und dann frag dich: »Was würde ich da tun?« Wahrscheinlich wirst du feststellen, dass du selbst dann noch eine Menge unternehmen kannst, um dein Leben wieder ins Lot zu bringen. Vielleicht musst du dir wirklich was einfallen lassen, aber am Ende kommst du doch irgendwie durch. Es kann sein, dass du sogar daran wächst, wenn du dich dieser Herausforderung stellst.

Lass also die Angststimme reden, lass sie erzählen, dass du alles verlieren wirst, wenn du aufhörst, dich unter Stress zu setzen, dich zu hassen und dich für sinnlose Ziele aufzureiben. Widersetz dich ihr nicht, das lässt sie nur immer noch lauter schreien. Aber mach dir klar, dass ihre Mahnungen und Warnungen meist unnötig sind, dass es mit der Gewissheit, mit der sie sich äußert, nicht weit her ist, dass die Beweise, die sie anführt, irrelevant sind. Erkenne, wie abwegig sie argumentiert, und entscheide dich trotz ihrer Katastrophenwarnungen bewusst für das Handeln. Kauf ihr nichts einfach ab. Sieh zu, dass du alle ihre Warnungen gründlich hinterfragst.

Glaub an dein eigenes ungebändigtes Herz. Es muss nicht von deiner Angststimme überwacht, gezähmt und gezügelt werden. Lass es lieben, was es liebt. Das macht dich nicht zu einer Last für die Welt, und du wirst niemandem schaden. Im Gegenteil, es wird deine einzigartige Magie in den Dienst deiner höchsten Ziele stellen. Und indem du deine Wahrheit lebst, wirst du anderen die Erlaubnis geben, es dir gleichzutun.

DIE WUNDE VERSORGEN

Wenn ich jemanden von seiner oder ihrer Angst vor Schlangen reden höre, kann ich nur denken: »Du hast ja keine Ahnung.« Bei mir ist die Angst so groß, dass mir schon ganz anders wird, wenn auch nur das Wort »Schlange« fällt. Und wenn ich draußen mal eine sehe, fange ich sofort an zu schreien.

Einmal ging ich mit meinem Freund durch Santa Barbara, und wir kamen an einem Mann vorbei, der eine zweieinhalb Meter lange Pythonschlange um den Hals hängen hatte. Mein Sprint muss bemerkenswert gewesen sein! Der Mann rief mir nach: »Die tut nix, die hab ich schon mindestens zweitausend Leuten umgehängt!« Erst zwei Straßen weiter hielt ich an, um mir die Sache durch den Kopf gehen zu lassen. Ich wusste, dass diese Tiere eigentlich völlig harmlos sind. Weshalb also hatte ich immer noch Angst?

In dem Moment wurde mir klar, dass es zweierlei Arten von Angst gibt, eine echte und eine eingebildete. Reale Angst setzt ein, wenn du zum Beispiel bei einer Wanderung in den USA eine Klapperschlange direkt vor dir zischen hörst und instinktiv zurückspringst. Eingebildete Angst setzt auch dann ein, wenn es sich um eine total zahme und nicht einmal giftige Schlange handelt, die jemand seit zwanzig Jahren besitzt und die von unzähligen Menschen gehalten worden ist, ohne dass es je zu einem Zwischenfall gekommen wäre.

Ich machte kehrt und ging zurück. Ich sagte, ich wolle die Schlange halten. Der Mann legte sie mir um den Hals. Ich nahm das Gefühl von Angst in meinem Körper wahr. Es war mehr oder weniger intensiv, je nachdem, wie sich die Schlange bewegte. Ich redete mir gut zu, dass sie mir schon nichts tun würde. Irgendwann kam es wirklich bei mir an, dass ich nicht gefährdet war. Ich entspannte mich, und die Angst verging. Am Ende konnte ich mich kaum von dem Tier trennen. Ich schwor mir, dass ich mich in Zukunft bei aufkommenden Ängsten immer fragen würde, ob sie real oder eingebildet sind. Und ich beschloss, mich mit meiner eingebildeten Angst auseinanderzusetzen, um sie zu überwinden.

Angst ist nicht immer ein Stoppschild, sie kann auch grünes Licht bedeuten. Eingebildete Angst ist einfach Angst vor dem Unbekannten – und das ist ja das Terrain, auf dem die größten Entdeckungen möglich sind. Hier liegen die Entwicklungschancen. Hier erwartet uns das noch nicht Erlebte. Immer, wenn wir uns unserer Angst stellen, davon bin ich überzeugt, kommen wir unseren Träumen einen Schritt näher.

Warum erzähle ich dir das? Weil ich dich jetzt zu etwas auffordern möchte, das du wahrscheinlich nicht magst. Ich möchte, dass du deinem Grundgefühl von Wertlosigkeit ins Auge siehst. Dazu musst du ein gewisses Unbehagen bewusst auf dich nehmen. Solchen Empfindungen weichen wir gern aus, weil unser Unterbewusstsein sie als gefährlich einstuft. Also stopfen wir sie irgendwohin und sind dann ein Leben lang damit beschäftigt, sie nur ja nicht zu fühlen. Doch so beängstigend sich diese Empfindungen anfühlen mögen, sie sind harmlos wie eine Kuschelschlange, sie tun dir nichts.

Lies dieses Kapitel also nicht einfach zu Ende und geh zum nächsten über, sondern leg dieses Buch einmal kurz weg und mach die folgende Übung, auch wenn du meinst, du brauchst das nicht. Wirklich, mach die Übung, damit die Lektüre dieses Buchs nicht wieder nur eine Leistung ist, die du erbringst. Wenn du dich während der Übung unangenehm berührt fühlst, machst du sie richtig! Dich mit deinen Minderwertigkeitsgefühlen zu konfrontieren, ist ungefähr so, als wolltest du ein verletztes Tier verarzten. Sobald du dich der Wunde näherst, beißt, kratzt, knurrt oder faucht das Tier, weil es ja schließlich wehtut, wenn man die Wunde berührt. Davor möchte das Tier sich schützen. Es versteht nicht, dass es ihm besser gehen wird, wenn die Wunde heilt, und dass sie letztendlich nur heilen kann, wenn sie versorgt wird, was mit Schmerzen verbunden ist.

So geht es dir auch, wenn du dich deinen Selbstzweifeln stellst. Du wirst dich dem entziehen wollen, weil es so unangenehm ist. Aber nur wenn du diesen Schmerz auf dich nimmst, kannst du die eigentliche Ursache bereinigen. Um Frieden mit den Gefühlen zu schließen, die unter unserem Leistungszwang verborgen sind, müssen wir sie ganz an uns heranlassen. Wir müssen sie aus ihrem Versteck locken, um sie endlich einmal voll und ganz zu erleben. Und sie zeigen sich nur, wenn wir ihnen lange genug nicht ausweichen oder Widerstand leisten und wenn wir sie nicht zu kompensieren versuchen.

Schaff dir also eine Situation, in der du erfahrungsgemäß mit Panik reagierst, weil du nicht genug tust. Es soll eine Situation sein, in der deine Angststimme sehr laut wird. Zu wissen, dass deine Angststimme nicht die Wahrheit spricht, ist eine Sache, aber ihr nicht zu folgen, ist eine ganz andere. Tu etwas, das deine Angststimme niemals gestatten würde: dich bei deinem Arbeitgeber krankmelden, deiner Freundin sagen, dass du ihr nicht helfen kannst, Kekse futtern, einen Tag lang völlig unproduktiv sein, ein Geheimnis offenbaren, eine Schwäche zugeben. Tu das Gegenteil von dem, was deine Angststimme fordert. Mach genau das, was die Stimme laut werden lässt, die dich antreiben möchte. Unternimm alles, was dieses unangenehme Gefühl von Wertlosigkeit in dir schürt.

Dann sieh dir an, was passiert. Vielleicht regt sich Panik in dir, oder du möchtest irgendwas unternehmen, um deine Unproduktivität auszugleichen. Es kann sein, dass du zappelig wirst, dass du verunsichert bist und Gewissensbisse bekommst. Möglicherweise wird dir heiß, und du findest keine Ruhe. Früher hast du solche Gefühle wahrscheinlich durch irgendwelche Erledigungen wettzumachen versucht. Du hast sie vermutlich als unerwünscht empfunden und bist ihnen möglichst ausgewichen – durch Überstunden bei der Arbeit, einen Hausputz, eine neue Diät, Jogging oder Nachbarschaftshilfe. All das hast du aber nicht aus Freude an der Sache getan, sondern um dich zu bestrafen. Es waren reflexhafte Reaktionen auf dein emotionales Unbehagen. Deine Gefühle hatten dich voll im Griff.

Diesmal identifizierst du dich nicht mit diesen Regungen, sondern siehst ihnen zu wie einem vorbeiziehenden Gewitter. Solltest du bemerken, dass du diese Gefühle an dir verurteilst, betrachte diese Gedanken. Tu so, als würdest du ein wissenschaftliches Experiment durchführen, bei dem du deine geistigen und körperlichen Reaktionen auf deine ungewohnte Untätigkeit verzeichnen müsstest. Als Wissenschaftler/in bist du unvoreingenommen. Du stufst nichts als gut oder schlecht ein, sondern nimmst einfach alles zur Kenntnis, was sich dir zeigt. Sag dir auch, dass nicht *du* so reagierst, sondern es sich um deine Überlebensmechanismen handelt, die im Moment ablaufen, wie sie eben ablaufen. Deine Ego-Identität kämpft jetzt ums nackte Überleben.

Wenn du dir im Moment keinen ganzen Tag freinehmen kannst, sind vielleicht wenigstens ein paar Stunden Nichtstun möglich. Solltest du dich in dieser Zeit beim Pläneschmieden ertappen, wird auch das einfach nur registriert. Dein Verstand möchte mit dir in die Zukunft entwischen, um nicht nur untätig mit dir dasitzen zu müssen. Hol dich behutsam in den Augenblick zurück und verfolge weiterhin alles, was vor sich geht.

Jetzt fang an, allem Liebe zu schicken, was sich in deinem Erfahrungsraum zeigt. Begegne deinem Unbehagen mit Bejahung, Liebe und Vergebung. Mach dir klar: Was jetzt in dir panisch ist, ist der Teil, der einmal verletzt wurde und verhindern will, dass sich das wiederholt. Lauf nicht vor der Angst weg, sondern schließ sie in dein Herz wie ein verängstigtes Kind. Weich deinen Empfindungen nicht aus, sondern gestatte dir, sie ganz zu fühlen. Und statt sie zu betäuben, solltest du sie durch noch mehr Aufmerksamkeit und Zuwendung weiter intensivieren. Kurz, liebe einfach alles, was in dir auftaucht.

Du erinnerst dich: Was dich in der Leistungsfalle gefangen hält, ist dein Widerstand gegen diese Gefühle. Deiner Steinzeitprogrammierung gemäß sind diese Gefühle höchst bedrohlich. Deshalb treibt sie dich gnadenlos an, vor ihnen wegzurennen. Aber sie können dir nichts tun. Sie sind dazu da, dass du sie beachtest und fühlst und über sie zur Selbstliebe findest. Gib also den Widerstand auf, um wirklich ganz zu fühlen, was da zu fühlen ist. Solange du nicht fühlen möchtest, was in dir vorgeht, bist du gespalten und kämpfst gegen dich selbst. Du bist im Widerstand gegen dich selbst gefangen und von dir getrennt. Komm zurück zu dir, um zu erleben, wie es sich anfühlt, ganz und gar lebendig zu sein – auch wenn nicht alle deine Gefühle angenehm sein werden.

ZEITREISE

Eine alte buddhistische Parabel erzählt von einem Mann, der sich im Haus eines reichen Freundes betrinkt und daraufhin einschläft. Am nächsten Morgen muss der Freund früh aufbrechen, und da er sichergehen möchte, dass sein Gast weiterhin gut versorgt ist, befestigt er an der Innenseite seiner Jacke einen kostbaren Edelstein. Der Gast erwacht ein wenig später, bemerkt aber den Schatz nicht. Irgendwann reist er in ein anderes Land, wo er Tag und Nacht arbeiten muss, um seinen Lebensunterhalt zu verdienen. Jahre später begegnet er zufällig wieder seinem alten Freund, und der ruft erstaunt aus: »Mein Lieber, wie kann es sein, dass du dich so für Nahrung und Kleidung plagen musst? Ich habe dir doch damals ein kostbares Juwel mitgegeben, damit du es gut hast und für deine Bedürfnisse gesorgt ist. Nun sehe ich, dass der Stein noch an Ort und Stelle ist und du dich wie ein Leibeigener schindest, um deinen Lebensunterhalt zu erwirtschaften. Wie ahnungslos du bist! Jetzt geh und mach den kostbaren Stein zu Geld, damit du keinen Mangel mehr leidest und alles hast, was du brauchst, und tun kannst, was du möchtest.«

Wir sind wie dieser Ahnungslose, der sich unnötig plagt. Da wir unseren wahren Wert und unsere Vollkommenheit nicht erkennen können, bemühen wir uns verzweifelt um etwas, das wir bereits haben und immer gehabt haben. Das Kostbare ist bereits in uns. Früher einmal wussten wir das. Wir waren uns unseres unzerstörbaren Wertes bewusst. Aber nach und nach haben wir das Juwel vergessen, und gleichzeitig entstand der Glaube, dass wir ungenügend sind und nicht schon alles haben, was wir brauchen. Wann war das bei dir?

Gehen wir zurück zu dem Augenblick, in dem du zu dem Schluss gekommen bist, dass mit dir etwas nicht stimmt – etwas, das du mit Leistungen und Erfolgen überspielen musst. Bereits weiter vorn hast du dir Gedanken darüber gemacht, wann bei dir erstmals der Eindruck entstanden ist, dass du nicht genügst und deinen Wert ständig beweisen musst, damit das nicht auffällt. Wir drehen jetzt die Zeit zurück, damit du beobachten kannst, wie du zu dieser Überzeugung gekommen bist.

Nimm dir Zeit, um eine Weile ungestört für dich allein zu sein. Falls das jetzt nicht möglich ist, wählst du irgendeinen anderen Zeitpunkt dafür, aber mach es. Dieser Schritt ist wirklich wichtig. Wenn du so weit bist, schließ die Augen und stell dir einen Augenblick vor, in dem dein jüngeres Ich sich sagte, dass etwas mit dir nicht in Ordnung ist. Versetz dich in die Situation von damals – du hast dich geschämt oder hattest Angst, du hast dich als Versagerin gefühlt oder warst von dir selbst enttäuscht. Lass das Geschehen so lebhaft und detailreich ablaufen wie möglich. Was hast du gefühlt, gesehen, gedacht, gerochen, gehört, getan? Wenn du dich an keine Einzelheiten mehr erinnern kannst, denk dir welche aus. Sieh zu, wie sich die Szene entfaltet, bis du ganz in das Erleben des Augenblicks eintauchst und dich so fühlst wie damals.

Betrachte die Szene jetzt ein zweites Mal, schau deinem jüngeren Ich zu, diesmal aber als der Mensch, der du heute bist. Stell dir vor, dass dein Heute-Ich dein Damals-Ich in diesem entscheidenden Moment beobachtet. Begegne deinem jüngeren

Ich so einfühlsam und mitfühlend, wie du nur eben kannst. Nach allem, was du hier gelesen hast, weißt du heute viel besser, als du es damals wissen konntest, was in deinem jüngeren Ich vor sich geht. Geh innerlich langsam auf dieses kleine Kind zu, das du warst, und sag ihm alles, was dir damals jemand hätte sagen müssen. Sag ihm, dass sein Verhalten und seine Gefühle nur allzu verständlich sind. Versichere ihm, dass es weder schlecht noch im Irrtum ist. Lass es wissen, wie wunderbar es ist und dass es nichts Beschämendes an ihm gibt, nichts, was es verstecken müsste. Nimm dein jüngeres Ich in die Arme, so herzlich und mit so viel Mitgefühl, wie du nur kannst. Vergib ihm und nimm es an, und dann tröste es. Sag ihm, dass du es nicht mehr ablehnen, ignorieren, meiden oder zum Verstummen bringen wirst. Du wirst dir anhören, was es zu sagen hat, du wirst seine Befürchtungen, seine Unsicherheit und seine Zweifel ernst nehmen. Du nimmst dein jüngeres Ich wieder voll und ganz und als unverzichtbaren Teil deiner selbst in dich auf. Du umarmst diesen Teil mitfühlend, wissend, verständnisvoll und gütig.

Diese Übung kannst du auch auf andere frühere Situationen anwenden, in denen du davon ausgingst, dass du irgendwie nicht richtig bist und das verheimlichen oder beschönigen musst. So machst du dir all das an dir wieder zu eigen, was du einmal abgelehnt oder sogar aufgegeben hast. Um die in solchen früheren Erlebnissen gebundene Kraft wieder zurückzugewinnen, musst du sie ganz gelassen als Zeugin betrachten, ohne sie abzulehnen oder irgendetwas an ihr ändern zu wollen, ohne den Versuch, sie zu beseitigen. Nimm dieses jüngere Ich in allen seinen Facetten vollkommen an. Nur so kannst du künftig wieder ganz werden und vor diesem Hintergrund in der Welt agieren.

Frag dich, ob dein Leistungszwang immer noch Macht über dich hat. Gibt es Dinge, die du tun *musst*, damit dein Wert außer Frage steht? Falls das so ist, erinnere dich, wann du zu dem Schluss gekommen bist, dass du diese Dinge erreichen musst, damit deine Unzulänglichkeit nicht sichtbar wird. Dann wiederholst du diese Übung, bis der Leistungszwang dich nicht mehr beherrscht. Wir müssen unser Gefühl von Wertlosigkeit wirklich aufarbeiten, sonst werden wir immer einen Ausgleich durch Leistungen schaffen wollen. Und das wird uns nie wirklich gelingen.

NIE WIEDER UNZUFRIEDEN

So, jetzt weißt du, dass du nichts zu beweisen hast, dass es »gut genug« gar nicht gibt, dass Leistungen nicht die Gefühle hervorbringen, die du dir von ihnen versprichst, dass an dir nichts Schlechtes ist, dass es grundsätzlich keine absolut wahren Aussagen über dich gibt, dass deine Abkehr vom Leistungszwang dich nicht in ein Monster verwandelt, dass deine Gefühle dir nicht wirklich etwas tun können und dass du nicht so bist, wie du geglaubt hast (Puh!). Nun wird es Zeit zu verstehen, dass du überhaupt nichts davon hast, wenn du unzufrieden mit dir bist.

Vielleicht denkst du, du weißt das schon, aber hörst du dich nicht manchmal Sätze wie diese sagen?

> »Ich will auf keinen Fall zunehmen. Das motiviert mich, Sport zu treiben.«
> »Wenn ich nicht genug erledige, kriege ich ein schlechtes Gewissen.«
> »Man wird schief angesehen, wenn man nicht in einer Beziehung lebt. Deshalb bin ich immer auf der Suche.«
> »Ich bin neidisch und arbeite deshalb noch mehr.«

Solche Sätze höre ich ständig von meinen Klienten, wenn wir unsere Zusammenarbeit aufnehmen. Und sie laufen alle auf dasselbe hinaus, nämlich:

> »Nur wenn ich total frustriert bin über meine aktuellen Lebensumstände, habe ich den Antrieb, das aus mir zu machen, was mir vorschwebt.«
> »Unzufriedenheit und Selbstkritik wirken motivierend.«
> »Angst macht kreativ.«

Für mein Verständnis wird hier etwas vorgeschoben, nämlich dass das Leben nun mal hart ist. In Wirklichkeit wollen wir uns jedoch nicht eingestehen, dass wir die Kämpfe, denen wir uns ausgesetzt sehen, selbst anzetteln. Ich zucke immer zusammen, wenn ich so etwas höre, weil ich weiß, dass die Leute von einer niederen Schwingungsebene aus ihre Lebensumstände kreieren. Am liebsten würde ich einen Strohhalm ins kollektive Bewusstsein piksen, die ganze Angst-Programmierung absaugen und dafür diese Überzeugungen installieren:

> »Je mehr Freude ich habe, desto mehr bringe ich zustande.«
> »Unzufriedenheit motiviert mich längst nicht so stark wie Dankbarkeit oder Begeisterung.«
> »Ich brauche keine Gewissensbisse, die mich antreiben, etwas zu erledigen, um danach Erleichterung zu spüren.«
> »Ich muss nicht die Sorge haben, dass Zufriedenheit zu Stillstand führt.«

Nach Esther Hicks zeigen Gefühle unsere Schwingungsfrequenz an. (Ich weiß nicht, was ich von solchen Channelings halten soll, aber mit dieser Aussage hat sie voll und ganz recht.) Unser emotionales Spektrum von der höchsten zur niedrigsten Schwingung sieht in groben Zügen so aus: Freude und Liebe, Glück, Optimismus, Sorgen, Ärger, Neid, Schuld, Unsicherheit, Scham, Angst. Je höher du auf dieser Stufenleiter kommst, desto mehr stimmst du mit deinem wahren Ich überein und desto leichter fällt es dir, deine Absichten zu verwirklichen. Denn je höher dein emotionaler Zustand ist, desto geringer ist der Kraftaufwand, den du zum Erreichen deiner Ziele aufwenden musst. Ärger, Unsicherheit, Neid und Schuldgefühle sind insofern motivierend, als der Übergang von, sagen wir, Schuldgefühlen zu Ärger ein Schritt nach oben ist. Aber wenn Ärger stärker motiviert als Schuldgefühle, heißt das nicht, dass uns Ärger grundsätzlich mehr Antrieb verleiht. Seine motivierende Triebkraft bleibt nämlich hinter der von beispielsweise Glück deutlich zurück.

Es kann notwendig sein, uns durch eher niedere Gefühle hindurchzubeißen, aber das bedeutet nicht, dass wir da bleiben müssen. Wir neigen aber dazu, in solchen Gefühlen stecken zu bleiben. Wir bilden uns ein, sie förderten unsere Produktivität. Wir sehen Scham, Angst, Schuldgefühle, Neid, Ärger und Sorgen fälschlicherweise als Garanten unserer Fähigkeit, uns das aufzubauen, was wir uns wünschen – und zwar einfach deshalb, weil uns beigebracht wurde, dass Freude, Liebe, Glück und Optimismus nichts bringen, wenn es um die Steigerung unserer Leistungsfähigkeit geht. Wir setzen »harte Arbeit« mit unserem Wert als Mensch gleich. Doch in Wirklichkeit steigern Freude und Liebe unsere Produktivität bei gleichzeitiger Reduzierung des nötigen Aufwands.

Von einer niederen Gefühlslage aus etwas erschaffen zu wollen, ist ungefähr so, als würde man auf dem Laufband die maximale Steigung einstellen: Da wird es wirklich anstrengend. Aber das Ego liebt solche Kämpfe. Da hat es etwas, an dem es sich abarbeiten kann, um damit zu beweisen, dass es einen Nutzen hat. Deshalb erzählt es uns, dass Ärger, Unsicherheit, Schuld und Scham gut sind, weil wir nur durch sie die Disziplin aufbringen, die erforderlich ist, um unsere Lebensumstände zu verbessern. Freude, Glück und Optimismus hätten dagegen überhaupt keinen förderlichen Einfluss auf unsere Fähigkeit, irgendetwas wirklich Gutes zu erschaffen.

Glauben wir wirklich, dass man einen Hund mit Fußtritten zu besserem Benehmen erziehen kann? Jedenfalls fesselt uns diese Haltung an die niederen Gefühlszustände, sodass wir auf der emotionalen Stufenleiter nicht aufsteigen können. Das heißt wohl, dass wir umdenken müssen, was unsere Vorstellungen von Disziplin angeht. Meist verbinden wir mit diesem Wort ein gewisses Maß an Masochismus oder Selbstbestrafung. Aber Disziplin leitet sich eigentlich vom lateinischen Wort für »Schüler« oder »Lehrling« ab. Damit sind Leute gemeint, die etwas lernen und sich einer Sache engagiert widmen *möchten*. Wenn du an die Quelle deiner Inspiration angeschlossen bist, wirst du dich unermüdlich den Dingen widmen, an denen dir wirklich etwas liegt. Du wirst die Quelle deiner Liebe finden, aus der auch alles wirksame Handeln kommt. Dir wird nie die Energie ausgehen. Alles, was du brauchst, um dich in Gang zu halten, ist lediglich eine wunderschöne Vision von der Welt, die dich wirklich inspiriert.

Wenn ein Engagement nicht in der Liebe wurzelt, ist es kein Engagement, sondern ein Vorhaben, das dem Ego dient. Dein Ego glaubt, das als Bestätigung zu brauchen. Jedes echte Engagement resultiert im Grunde aus dem Wunsch, zu lieben und geliebt zu werden oder die Liebesfähigkeit anderer zu steigern. Und Liebe kann nur aus der Liebe kommen. Machen wir uns also ganz klar, dass Scham kein Glück nach sich zieht, dass Angst nicht der Weg in die Fülle ist, dass Schuldgefühle nicht zu einer Haltung der Akzeptanz führen und Unzufriedenheit nicht auf Motivation hinausläuft. Lösen wir uns von der Vorstellung, dass wir uns weiterhin unzufrieden fühlen müssen, um auf unsere Ziele fokussiert zu bleiben. Und halten wir uns vor Augen, dass ein gewaltiger Unterschied zwischen diesen beiden Sätzen liegt:

> »Mein Leben ist entgleist, ich muss es in Ordnung bringen.«
> »Mein Leben ist bereits völlig in Ordnung, und ich möchte Neues schaffen, einfach weil es mir Spaß macht.«

Sprich mir nach: »Unzufriedenheit mit mir und meinen Lebensumständen ist niemals die Kraft, die mich motiviert, meine Träume zu verwirklichen.« Verabschiede dich ein für alle Mal von der Vorstellung, dass du umso mehr schaffst, je härter du dich rannimmst. Finde eine inspirierende Vision für die Welt und lebe danach. Dazu brauchst du keine kritischen Selbstgespräche, keine Scham, keine Selbstverurteilung und erst recht keine Selbstbestrafung. Nur eine inspirierende Vision.

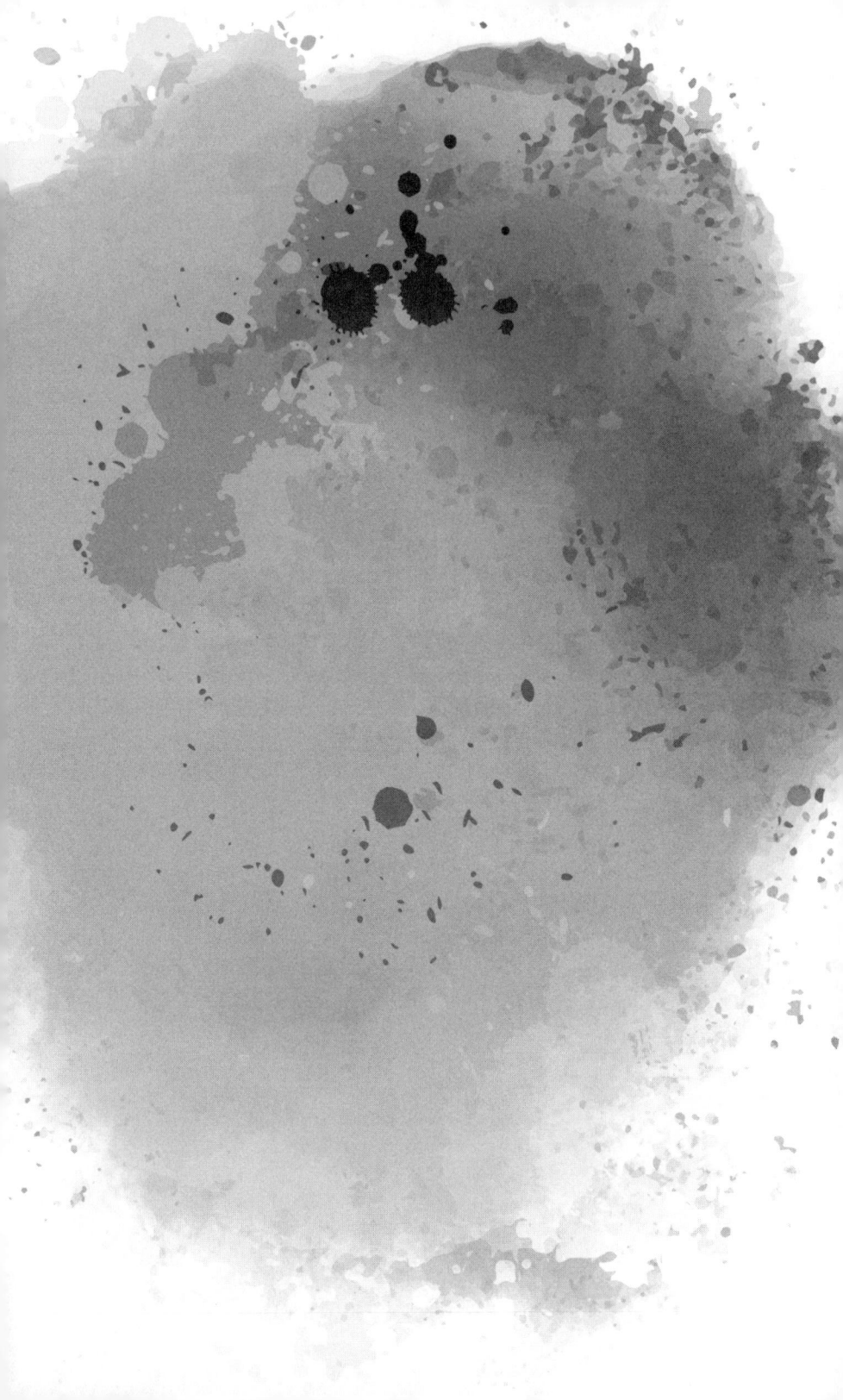

DIE ENTSCHEIDUNG, AUF DIE ES ANKOMMT

Da du jetzt auf diesem Weg zu deiner Befreiung so unglaublich weit vorangekommen bist, möchte ich dir zwei Dinge zur Wahl stellen. Entscheide dich für das eine oder das andere – kein Vielleicht, kein Kompromiss, keine Zwischenlösung.

ERSTE MÖGLICHKEIT:

Du kannst dein Leben genau so einrichten, wie du es dir wünschst. Du kannst den perfekten Körper, den perfekten Partner, den perfekten Job, das perfekte Einkommen und überhaupt alles perfekt haben. Du bekommst einen Zauberstab, mit dem du dir bis ins kleinste Detail alles so einrichten kannst, wie du es haben willst.

ZWEITE MÖGLICHKEIT:

Du kannst bedingungslosen inneren Frieden und bedingungslose Selbstliebe haben. Egal, wie dein Körper aussieht, wie viel du verdienst, ob man dich mag oder überhaupt Notiz von dir nimmt, egal, wie oft du patzt oder abgelehnt wirst, du bist unter allen Umständen in Frieden.

Die meisten wählen die erste Möglichkeit. Wenn es bei dir auch so ist, hast du vielleicht nicht bedacht, dass sie dir weder Frieden noch Glück garantiert. Wenn es sich um ein in deinen Augen perfektes Leben handelt, heißt das nicht, dass du dich auch entsprechend »perfekt« fühlen wirst. Vielleicht hast du dir dieses perfekte Leben nur zurechtgelegt, um auszugleichen, dass du dich nicht gut genug fühlst. Deine Zweifel an deinem Wert werden jedoch nicht einfach dadurch verschwinden, dass sich deine Lebensumstände ändern. Die Unzufriedenheit wird dir bleiben, auch wenn äußerlich alles perfekt ist. In der Zeit meiner Essstörung lebte ich in dem Wahn, ich müsste nur mein perfektes Körpergewicht erreichen, um in Frieden und Glück zu leben. Ich dachte, ich könnte mir dann endlich zugestehen, so zu sein, wie ich gern sein wollte, und so zu leben, wie ich es mir vorstellte. Ich wurde zwar immer dünner, aber auch immer unglücklicher, und Frieden gab es erst recht nicht. Ich musste schließlich einsehen, dass Frieden und Glück nicht von äußeren Umständen abhängig sind.

Ich glaube, dass es für die Wahl der ersten Möglichkeit nur einen einzigen Grund gibt: Die Leute versprechen sich von perfekten äußeren Lebensumständen perfekten inneren Frieden, und dieser Zusammenhang besteht einfach nicht. Sie sind im Grund nicht davon überzeugt, dass dieser Frieden unabhängig von allen äußeren Bedingungen bestehen kann. Vielmehr glauben sie, dass sie erst zufrieden sein können, wenn sie ihre Umgebung ihren Vorstellungen entsprechend zurechtgebogen haben.

Genau dieser Glaube sorgt aber dafür, dass wir in der Leistungsfalle sitzen bleiben. Im Buddhismus gilt, dass unser »Anhaften« an äußeren Umständen die Wurzel unseres Leidens ist. Wenn wir meinen, dass unser Leben ein ganz bestimmtes Erscheinungsbild haben muss, damit wir Frieden finden, reduzieren wir uns auf unsere äußeren Lebensumstände und lassen uns von ihnen bestimmen.

Das »perfekte« Leben nimmt dir die Chance, deine Unvollkommenheit zu nutzen, um mehr Selbstliebe zu entwickeln. Indem wir lernen, uns mit all unseren Ängsten, Zweifeln, Unsicherheiten und Misserfolgen anzunehmen, wachsen wir. Ohne sie würde unsere Entwicklung stillstehen. Etwas »Perfektes« zu akzeptieren, ist kein Kunststück. Wenn wir wachsen möchten, müssen wir das an uns bejahen, was wir als unvollkommen ansehen.

Ein perfektes Leben bietet uns keine Gelegenheit, Selbstliebe, Mitgefühl, Akzeptanz oder Vergebung zu üben. In einem perfekten Leben besteht auch nicht die Notwendigkeit, an deinem Bedürfnis nach Bestätigung und an deiner unaufhörlichen Suche nach Beweisen für deinen Wert zu zweifeln. Und dann kommst du vielleicht nie drauf, dass es da gar nichts zu beweisen gibt, weil dein Wert ein für alle Mal feststeht. Du müsstest dich mit dem Gefühl deiner Wertlosigkeit nicht ernsthaft auseinandersetzen und könntest dich folglich nie wirklich davon befreien. All das würde bedeuten, dass du vielleicht nie erkennst, wer du im Grunde eigentlich bist.

Die Wahl der ersten Möglichkeit beruht auf dem Glauben, dass Perfektion wirklich existiert, dass das Leben so und nicht anders auszusehen hat und dass es klare Maßstäbe dafür gibt, wie wir sein sollten. Aber es gibt nichts Perfektes, und wenn wir uns trotzdem darauf versteifen, geben wir inneren Frieden und Lebenszufriedenheit dafür auf.

Wenn wir uns für die erste Möglichkeit entscheiden, ist fast zwangsläufig ausgeschlossen, dass wir uns ernsthaft um die zweite bemühen. Wie wollen wir lernen, uns bedingungslos zu lieben, wenn wir alles total unter Kontrolle haben? Wenn wir schon »perfekt« wären, würden wir nie vor der Herausforderung stehen, uns in all unserer Unvollkommenheit und Verunsicherung lieben zu lernen. Wir könnten dann immer die äußeren Umstände verändern und hätten es nicht nötig, die Wurzel unserer

Verunsicherung in Augenschein zu nehmen. Dass wir die Umstände nicht immer in der Hand haben, ist eigentlich ein Geschenk, das uns bei unserer Suche nach innerem Frieden unterstützt. Es wird nie mit letzter Sicherheit zu unterscheiden sein, was besser ist: ein Ziel zu erreichen oder es zu verfehlen und dadurch zu lernen, sich selbst trotzdem zu lieben.

Vielleicht ist sogar das, was wir im Falle unseres Versagens am meisten fürchten, genau das, was unserer persönlichen Entwicklung am dienlichsten ist. Ich habe mir zwei Jahre lang einen sehr gut bezahlten Job in einer Firma angetan, der mich persönlich überhaupt nicht erfüllte. Ich wusste genau, was ich eigentlich wollte, nämlich Menschen inspirieren, aber ich mochte nicht auf dieses sehr komfortable Gehalt verzichten, ebenso wenig wie auf den Status, den die Position mir verschaffte. Immer wenn Gedanken an die Kündigung aufkamen, schrie meine Angststimme: »Spinnst du? Du bist nicht clever genug, dein eigenes Business zu betreiben. Du wirst ganz schnell pleite sein, und dann denken die Leute, du bist zu faul oder zu blöd!« Also blieb ich in diesem nichtssagenden Job, um mich nicht diesem Gefühl stellen zu müssen, nicht gut genug zu sein und nicht genug zu leisten. Ich hatte weniger Angst vor finanziellen Einbußen als vor der Tatsache, dass ich nach meiner Kündigung gezwungen sein würde, mich ernsthaft an die Verwirklichung meiner Träume zu machen. Der Job passte mir auch insofern ganz gut, als er mir die Auseinandersetzung mit der Tatsache ersparte, dass ich aus meinem Leben eigentlich alles machen konnte, was ich wollte.

Irgendwann kam mir der Gedanke, dass es sich womöglich bei allem, was ich am meisten fürchtete – zu viel Zeit zur Verfügung zu haben, zu versagen, in den finanziellen Ruin zu geraten –, um genau die Dinge handelte, die es mir erlauben würden zu wachsen. Vielleicht musste ich viel Zeit haben, damit ich wirklich erfahren konnte, dass ich nicht das bin, was ich tue. Vielleicht musste ich meinen Status und mein Gehalt verlieren, um zu erkennen, was ich darüber hinaus eigentlich bin. Vielleicht musste ich versagen, um endlich mit meiner Versagensangst fertigzuwerden. Und vielleicht musste ich mittellos sein, damit ich sehen konnte, dass mein Wert unabhängig von meinem Einkommen existiert.

Ich erkannte, dass ich mich von meinen Ängsten davon abhalten ließ, den Sprung zu wagen, und mich dadurch von wertvollen Erfahrungen abschnitt, die mein ganzes Weltbild umkrempeln und meinem Leben eine neue Wendung hätten geben können. Ich würde mir keinen Dienst erweisen, wenn ich weiterhin vor meinen Ängsten weglief. Also leistete ich so lange nichts mehr, bis meine Ängste mich eingeholt hatten und ich mich direkt mit ihnen auseinandersetzen konnte. Ich kündigte. Ich scheuchte mich bewusst aus meiner Komfortzone. Ich tat ganz gezielt das, wovor meine Angststimme mich warnte. Ich ließ meine Minderwertigkeitsgefühle aufsteigen, denn nur so konnte ich ihnen entgegentreten und verhindern, dass sie mein Leben weiterhin bestimmten.

Die Leistungsfalle gibt uns erst wieder frei, wenn wir nicht mehr unsere Person, sondern unsere Liebe vervollkommnen. Dann ändern wir unseren Blickwinkel und sehen Unsicherheit, Schwäche, Angst, Zweifel, Ärger, Traurigkeit und Misserfolge nicht mehr als etwas, das es zu vermeiden gilt, sondern als Gelegenheit, unsere Selbstliebe zu vertiefen. Wir geben unseren Glauben auf, dass wir nicht mehr sind als unsere Leistungen, und holen uns die in dieser Überzeugung gebundenen Kräfte zurück. Wenn innerer Frieden wichtiger wird als Perfektion, geht dir auf, dass du viel mehr bist als die Umstände deines Lebens. Und wenn du dich nicht mehr beweisen musst, bist du frei zu lieben und zu geben, was du zu geben hast.

Berühmt und reich werden, auf der Karriereleiter immer höher steigen, abnehmen – jetzt siehst du, dass es lauter Ablenkungsmanöver sind, die uns von der Vertiefung unserer Liebe abhalten. Sie sorgen dafür, dass wir immer mehr auf das Nehmen als auf das Geben eingestellt sind. Wir denken, dass wir erst etwas geben können, wenn wir genug bekommen haben. Vermutlich wird es jedoch eher so sein, dass wir vom gnadenlosen Konkurrenzkampf total fix und fertig sein und nicht mehr viel zu geben haben werden, falls überhaupt. Wir werden uns betäuben müssen, um weiter im Hamsterrad laufen zu können. Und diese Betäubung wird eine Sogwirkung entwickeln, die uns immer mehr von dem abbringen wird, wonach unser Herz verlangt.

Die meisten vernünftigen Menschen, die ich kenne, haben keinen größeren Wunsch, als sich selbst zu lieben und für andere da zu sein. Damit können wir alle jetzt gleich und unabhängig von unseren Lebensumständen anfangen. Schenk einfach Liebe, statt weiterhin deinen Wert unter Beweis stellen zu wollen. Verschwende deine Kraft nicht mehr auf Perfektionierung deiner selbst. Je mehr wir uns auf dieses Unterfangen einlassen, desto weniger Gelegenheit haben wir, unsere Kreativität und unsere Begabungen einzubringen.

Vielleicht sitzt du schon so lange in der Leistungsfalle, dass du nicht mehr weißt, wie du es anfangen sollst, dich selbst frei auszudrücken und deine Begabungen sinnvoll zu nutzen. In den folgenden Kapiteln findest du Übungen, mit deren Hilfe du möglicherweise auf Ziele stoßen wirst, die deinem authentischen Selbstausdruck entsprechen und nicht wieder nur dazu dienen, Minderwertigkeitsgefühle zu kompensieren.

EMOTIONALE FREIHEIT

Wenn ich keine Risiken eingehe, nicht versage, mich nicht blamiere, nicht abgelehnt oder enttäuscht werde, geht es mir immer gut, oder? Wenn ich mich absichere und nicht der Verwundbarkeit aussetze, die mit dem Verwirklichen meiner Träume verbunden ist, bin ich immer happy, oder? Falsch. Wenn wir uns nicht entschließen können, unserem Herzen zu folgen, liegt das vor allem an der völlig falschen Annahme, dass unsere Lebensumstände unsere emotionale Verfassung bestimmen. Dahinter steckt der Glaube, dass emotionale Freiheit durch die Beherrschung unserer Lebensumstände entsteht.

Von meinen Klientinnen höre ich oft Sätze wie: »Ich fühle mich überfordert, weil ich so viel zu tun habe«, oder: »Ich fühle mich in der Klemme, weil ich nicht weiß, welcher meiner Vorlieben ich nachgehen soll«, oder: »Es steht so viel auf dem Spiel, das macht mir Angst.« Oft schreiben sie dann ihre Träume ab, damit sie mehr Zeit für ihre To-do-Listen haben, oder sie verzichten auf ihre Leidenschaften, um nicht in Bedrängnis zu geraten, oder sie gehen kein Risiko ein, um sich nicht der Angst stellen zu müssen. Obige Aussagen wirken harmlos und scheinen auch begründet zu sein, aber mit der Art der Formulierung räumen wir unseren Gefühlen Macht über unsere Entscheidungen ein. Sie schreckt uns davon ab, uns entschlossen für das einzusetzen, was wir möchten.

Gefühle sind nicht zu erklären. Sie sind die gegenwartsbezogene Sprache unseres Körpers. Sie entstehen unmittelbar, im Augenblick. Wenn wir über unsere Gefühle sprechen, verwenden wir jedoch eine ganz andere Sprache: die zeitgebundene Sprache unseres Denkens. Sie ist nicht unmittelbarer Ausdruck dessen, was gerade geschieht, sondern eine gedankliche Abstraktion. Die Sprache unseres Körpers lässt sich nicht eins zu eins in die Sprache unseres Denkens übersetzen. Deshalb sind die Gründe, die wir für unsere Gefühle angeben, reine Fiktion und immer aus der Vergangenheit abgeleitet. Zum Beispiel: »Ich bin sauer, weil er zu spät dran war.« Die Vergangenheit kann jedoch niemals erklären, was jetzt ist, weil sie jetzt gar nicht mehr existiert, außer in unserer Story.

Wenn wir sagen, wir hätten Angst, weil wir unsicher sind, wie wir unseren Träumen nachgehen sollen, tun wir so, als gäbe es eine natürliche Verbindung zwischen Unsicherheit und Angst. Dem ist aber nicht so. Wenn wir uns überfordert fühlen, weil so viel zu tun ist, setzen wir eine naturgegebene Beziehung zwischen viel Arbeit und Überforderung voraus. Die besteht aber nicht. Damit schieben wir jedoch die Verantwortung für unsere Gefühle den Umständen zu.

Oft versuchen wir auch, unsere Gefühle an die Umstände anzupassen. Wir sagen uns beispielsweise, wir sollten uns wegen der geplatzten Beziehung nicht so grämen oder wir müssten angesichts dieses Verlusts eigentlich trauriger sein. Mit unseren Geschichten bestimmen wir unsere Gefühle, als dürften wir nur das fühlen, was uns angemessen erscheint – und was im Augenblick tatsächlich vor sich geht, erreicht uns dann nicht mehr in seiner ganzen Lebendigkeit.

Um vollständig zu erklären, weshalb wir in einem bestimmten Augenblick gerade das fühlen, was wir fühlen, müssten wir die ganze Kausalkette bis zum Urknall zurückverfolgen. Und wer hätte dafür Zeit? Es gibt da einen Trick. Sag nicht mehr: »Ich fühle mich überfordert, weil so viel zu tun ist«, sondern: »Ich fühle mich überfordert, und es ist so viel zu tun.« Sag nicht mehr: »Ich habe Angst, weil ich nicht weiß, was ich tun soll«, sondern: »Ich habe Angst und weiß nicht, was ich tun soll.« Das gibt uns die Möglichkeit, unsere Gefühle anzunehmen, wie sie sind, ohne uns von ihnen vom Handeln abbringen zu lassen. Der innere Widerstand gegen unsere Gefühle entfällt, und es entsteht Raum, um sie einfach zu beobachten, wie sie sich ständig verändern und ihre Form wechseln wie Wolken am Himmel. Irgendwann brauchen wir dann keine Gründe mehr für unsere Gefühle und können sie einfach sein lassen, wie sie sind.

Wenn wir begriffen haben, dass wir niemals glücklich sind, *weil* wir abnehmen, *weil* wir einen höheren Posten bekommen oder *weil* wir in einer Beziehung leben, wird klar, dass Glück keinen Bedingungen unterliegt. Von da an sind wir selbst für unser Glück zuständig. Genauso sind wir nicht mehr aufgebracht, *weil* jemand das und das getan hat oder *weil* unsere Lebensumstände unbefriedigend sind. Wir machen andere nicht mehr für unsere Gefühle verantwortlich und haben es nicht mehr nötig, ihnen etwas übel zu nehmen, sie zu beschuldigen oder sie zu manipulieren.

Wir müssen unsere Gefühle nicht wegerklären. Wir brauchen keine Gründe für sie. Wir sind glücklich, weil wir glücklich sind. Wir sind traurig, weil wir traurig sind. Fertig. Fühl also, was du fühlst, und wenn du etwas wirklich möchtest, dann nichts wie ran. Hör auf, deine Gefühle fortwährend als Vorwand für deine Untätigkeit zu benutzen.

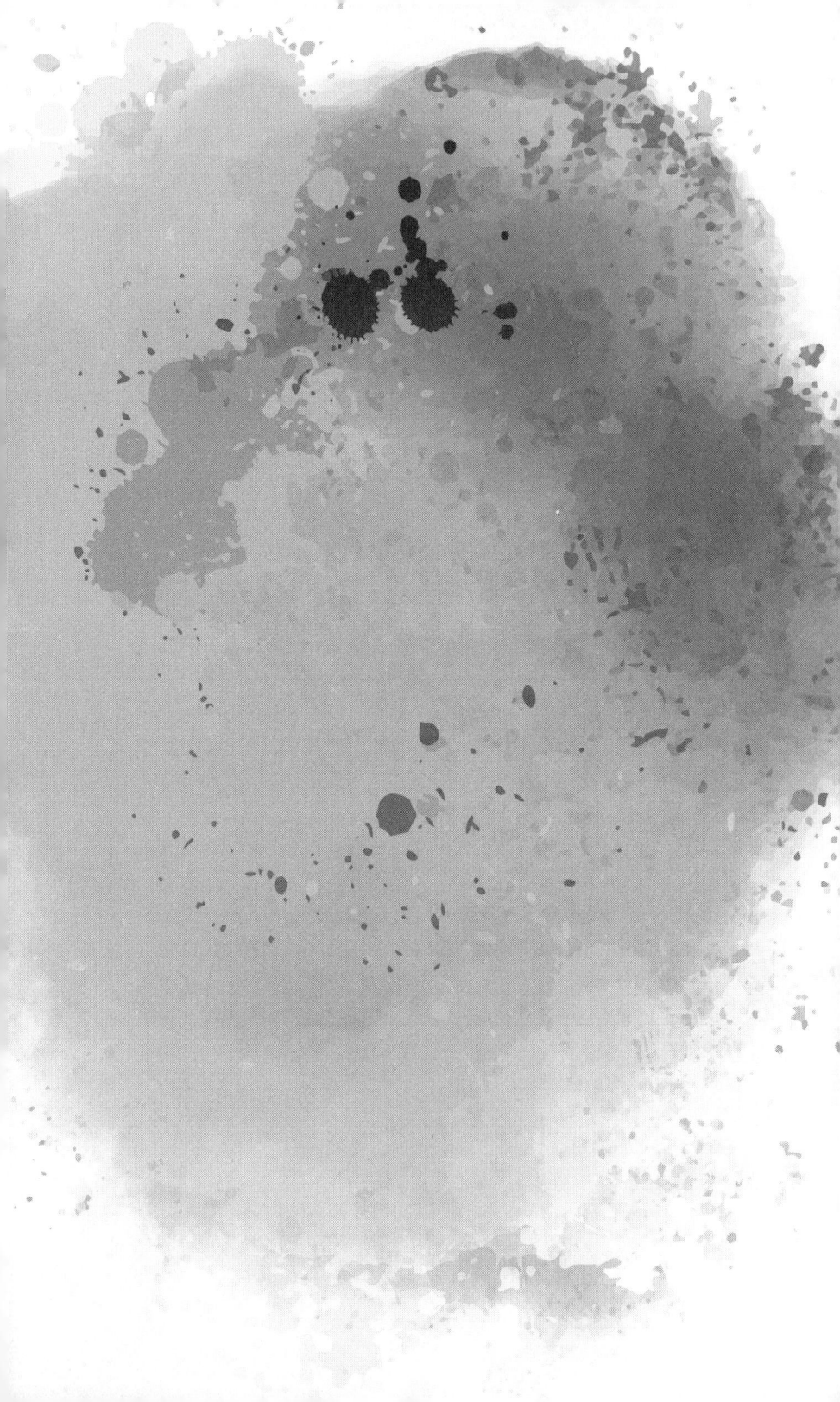

DU MUSST NICHTS BEWEISEN

Von Kindheit an wird uns eingetrichtert, dass der Wert eines Menschen davon abhängt, wie viel er arbeitet. So schräg es klingt, manchmal hat es geradezu etwas Tröstliches, wenn wir sagen können, dass wir total unter Stress stehen, weil so viel zu tun ist. Hektik ist unser Indikator dafür, dass wir »genug tun«. Aber wenn auf einmal nichts mehr zu tun ist und wir frei haben, werden wir sehr, sehr nervös. Unser Überlebenstrieb springt an. Unterbewusst glauben wir, dass uns kein gutes Leben zusteht, wenn wir nicht so produktiv wie möglich sind. Das Gefühl verfolgt uns, dass wir untergehen werden, wenn wir nicht unentwegt rudern. Die volle To-do-Liste ist unser Rettungsring. Je mehr sie uns über den Kopf wächst, desto sicherer fühlen wir uns.

Immer wenn wir unsere Erledigungslisten aufstocken, um uns zu beruhigen, sind wir wie Sisyphus zu endloser und sinnloser Plackerei verdammt. Jeden Tag wälzen wir den Stein unserer Aufgaben den Hang hinauf. Oben können wir uns für einen Moment sagen, wir hätten genug getan, aber schon im nächsten Moment rollt der Stein wieder zu Tal und verlangt, dass wir unseren Wert aufs Neue beweisen. »Tue ich genug?«, das ist unser ewiges Gefängnis. Aber frei werden wir nicht durch den

Nachweis, dass wir genug tun, sondern durch die Erkenntnis, dass die Frage an sich unsinnig ist.

Erinnere dich an das Vexierbild mit der Ente und dem Kaninchen (siehe S. 54). Wenn ich dich auffordere, mir *das* abgebildete Tier zu nennen, könntest du keine wahrheitsgemäße Antwort geben. Ja, da ist ein Kaninchen zu sehen, aber das ist nicht die Wahrheit. Und ja, da ist eine Ente zu sehen, aber das ist auch nicht die Wahrheit. Für beide Deutungen lassen sich gute Argumente anführen, aber wenn wir eine der beiden Deutungen begründet haben, sind wir noch nicht bei der Wahrheit, da die andere ebenso richtig ist. Deshalb kann die Frage nach *dem* abgebildeten Tier nicht beantwortet werden. Es sind zwei.

Wenn du eine nicht zu beantwortende Frage beantworten möchtest, ist mit viel Frust zu rechnen. Das gilt auch für die Fragen »Tue ich genug?« oder »Bin ich genug?« Man kann sein ganzes Leben damit zubringen, den endgültigen Beweis hierfür zu liefern. Aber wie viele Beweise wir auch anführen und wie viele Punkte unserer Liste wir auch abhaken mögen, eine wahre Antwort auf unsere Frage werden wir nicht finden. Ein extrem produktiver Mensch könnte trotzdem glauben, dass er nicht genug schafft. Und jemand, der nicht viel auf die Beine stellt, könnte trotzdem der Ansicht sein, er schaffe genug. »Genug« und »nicht genug« sind ihrer Natur nach keine wahren Aussagen. »Ich bin genug«, »Das genügt« und »Ich habe genug getan« sind ebenfalls keine wahren Aussagen, aber es sind Standpunkte, die wir mit gutem Grund und unabhängig von den jeweiligen Umständen einnehmen können. Wenn wir ein wirklich befriedigendes Leben wollen, müssen wir uns für das Genügen entscheiden. Denn solange wir mit dem Nachweis unseres Genug-Seins beschäftigt sind, können wir nicht dem nachgehen, was uns fasziniert und begeistert.

Wer Antworten auf nicht zu beantwortende Fragen sucht, wird für immer damit beschäftigt sein und nichts finden. Wenn nicht schlüssig zu beweisen ist, dass wir genug getan haben, können wir den Kampf um die Beweisführung ruhig auch aufgeben. Freiheit kommt nicht daher, dass wir den Stein endlich auf den Gipfel schaffen, sondern liegt in der Erkenntnis, dass es bei diesem Unterfangen im Grunde um nichts geht. Dann lassen wir den Stein einfach rollen und gewähren uns die Freiheit, so zu leben, wie wir möchten.

Wenn du also wieder einmal hochschreckst, weil du meinst, du tust nicht genug, kannst du einfach mal lachen über dein vergebliches Ringen um »genug«. Sag dir, dass alles genug ist, wie es gerade ist, und dann tu irgendwas, woran du Freude hast.

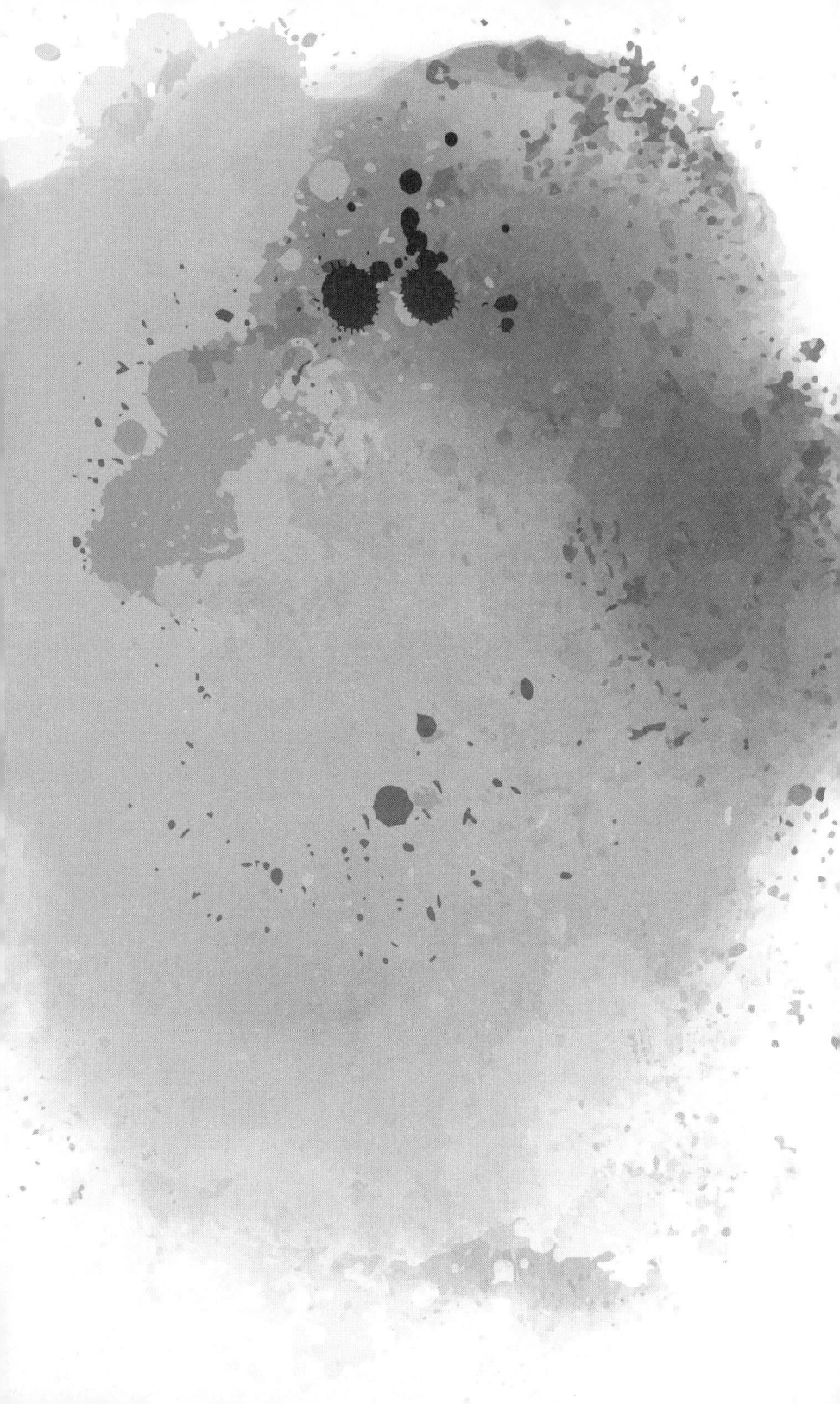

LEHN DICH GEGEN DEINE ZIELE AUF

Wenn du meinst, du müsstest deine Lebensumstände ändern, um dich gut zu fühlen, zeigt das an, dass du dein Selbstwertgefühl an Dingen außerhalb deiner selbst festmachst. Das wird immer mit Schmerzen verbunden sein, weil alles Äußere kommt und geht. Es ist nicht du. Du bist der weite, leere, grenzenlose Raum, in dem sich all deine Erfahrungen abspielen. Du bist unerschöpfliches Potenzial und trägst unzählige Möglichkeiten in dir. Und alles, was du bist, ist dieser Augenblick.

Alle Erfolge, die du erzielt hast, und alle Dinge, die du erworben hast, sind nicht das, was du bist, sondern nur ein Nebenprodukt dessen, was du einmal warst. Alles, was du heute in deinem Leben hast, geht aus dem hervor, was du in der Vergangenheit gewesen bist. Wenn du zum Beispiel jetzt eine Liebesbeziehung hast, dann deshalb, weil du in der Vergangenheit offen, liebevoll und bereit warst. Doch die Beziehung ist nicht das, was du eigentlich bist. Solange du meinst, du müsstest die Umstände ändern, um die Person zu sein, die du sein möchtest, zäumst du das Pferd beim Schwanz auf. Die Umstände sind ein Produkt dessen, was du früher warst. Bei dem Versuch, sie zu ändern, konzentrierst du dich auf die Vergangenheit und bist nicht bei dir. Du bist eben jetzt gerade nicht die, die du sein möchtest. Wenn du dich mit früheren Erfolgen identifizierst, solltest du dir unbedingt vor Augen halten, dass du viel mehr bist als deine Leistungen, selbst mehr als die größten. Du hängst an deinen Erfolgen. Das bindet dich an die Vergangenheit und hindert dich daran, deine Gegenwart zu beherrschen, was wiederum dazu führt, dass du nicht wirklich in der Hand hast, was du künftig erschaffen wirst.

Hör einfach auf, mit deinen Leistungen beweisen zu wollen, dass du gut genug bist. Mach dir klar, dass du auch ohne sie gut genug bist. Dann kannst du dich so sein lassen, wie du in diesem Augenblick sein möchtest. Wirf sogar deine Glanzleistungen über Bord, und du wirst sehen, dass du größer bist als all das. Du realisierst, dass du grenzenlos bist, hier und jetzt.

Vielleicht liegt deine größte Entwicklungsmöglichkeit nicht im Erreichen deines Ziels. Vielleicht liegt sie darin, dass du von deinem Ziel ablässt und erkennst, dass du es nicht brauchst. Wenn ein sechsstelliges Jahreseinkommen dein Ziel ist, bietet dir vielleicht die finanzielle Pleite eine Gelegenheit, dich von der Macht des Geldes zu lösen, dich auf deine eigenen Kräfte zu besinnen und dir zu sagen, dass dein Wert und dein Glück nicht vom Geld abhängen. Sollte Abnehmen dein Ziel sein, wäre es deiner Entwicklung als Mensch vielleicht dienlicher, dich nicht mehr von deinem Erscheinungsbild beherrschen zu lassen und stattdessen zuzunehmen und dir zu sagen, dass du nicht dein Körper bist. Denn deine Kleidergröße sagt nichts über dich aus. Vielleicht musst du dein Ziel bewusst unterlaufen, damit du deine in äußeren Umständen gebundene Kraft zurückerobern kannst und frei bist, das zu schaffen, was dein Herz wirklich möchte.

NIMM DIR WICHTIGERE PROBLEME VOR

Beim Coaching mit Träumern und herzbetonten Tatmenschen höre ich immer wieder, dass die Leute ihre Unsicherheit als hinderlich für ihr Tun erleben. Sie meinen, sie müssten diese erst aufarbeiten, bevor sie so sein können, wie sie sein möchten, und bevor sie in der Welt etwas ausrichten können. Unsicherheit zeigt aber nur, dass wir zu sehr mit uns selbst beschäftigt sind. Mehr als für die Welt ringsum interessieren wir uns für unseren Körper und für die Meinung anderer über uns und unsere Leistungen.

Wir meinen, wir müssten uns selbst erst in Ordnung bringen, bevor wir unsere Aufmerksamkeit auf das richten können, was wir in der Welt bewerkstelligen möchten. Aber eigentlich ist da nichts, was in Ordnung gebracht werden müsste. Wir brauchen weder einen durchtrainierten Körper noch Millionen auf der Bank, um uns nicht mehr unsicher zu fühlen. Wir brauchen nichts weiter als einen Wechsel der Blickrichtung. Wir müssen unsere Aufmerksamkeit von uns selbst abziehen und auf das richten, was wir für die Welt erreichen möchten. Sobald wir uns darauf konzentrieren, eine bessere Welt zu schaffen, werden sich unsere Probleme verflüchtigen.

Dann identifizieren wir uns weniger mit äußeren Dingen wie dem Körper, unseren Besitztümern oder unserem Ruf, dafür aber immer mehr mit den Möglichkeiten, die wir für die Welt sehen: Frieden, Liebe, Glück, Gesundheit, Sicherheit, Gewaltfreiheit, Gleichberechtigung, Verbundenheit und freien Selbstausdruck für alle. Unser Auftreten in der Welt und unser Handeln stimmen zunehmend mit diesen Möglichkeiten überein. Wir werden zufrieden und unsere Ego-Belange treten zunehmend in den Hintergrund.

Wir brauchen unsere persönlichen Probleme und Unsicherheiten nicht erst zu bereinigen, bevor wir es unternehmen, in der Welt etwas zum Besseren zu wenden. Wir tun nichts weiter, als unsere Aufmerksamkeit größeren und wichtigeren Problemen zuzuwenden. Den Problemen entkommen wir nämlich sowieso nicht. Leben ist immer mit Problemen verbunden. Das Spiel des Lebens zu spielen, heißt, Probleme zu lösen.

Schlagen wir uns nicht mehr mit banalen Problemen herum – wie wir aussehen, was die Leute über uns denken, wie viel Geld wir haben, wie berühmt wir sind. Wenden wir uns lieber Problemen zu, die unseren vollen Einsatz wert sind. Armut, häusliche Gewalt, Umweltzerstörung, Tierquälerei, Krieg oder auch die Tatsache, dass nicht jeder Mensch sich geliebt und zugehörig fühlen kann – das sind Probleme, die weit über uns als Einzelpersonen hinausgehen. Sie gehen uns alle an. Über dieses Thema habe ich eine Geschichte geschrieben:

Es war einmal ein Mädchen, das die Wahrheit sah.
Sie sah die eigene Vollkommenheit und die der anderen.
Sie lebte, wie es ihr gefiel, und liebte alles –
lachend, spielend, tanzend, laufend, springend, singend.

———

Bis sie bemerkte, dass andere nicht so leben.
Sie genossen nicht einen Augenblick nach dem anderen,
sie quälten sich durch den Tag.
Sie beneidete sie um ihre Probleme und dachte,
ihr entgehe da etwas.
Sie dachte: »Vielleicht ist es der Sinn des Lebens,
Probleme zu haben.«

———

Sie wünschte sich ein ganz eigenes Problem und fand,
es sei vielleicht lustig,
alle zum Narren zu halten und so zu tun,
als stimmte mit ihr etwas nicht.
»Vollkommenheit ist langweilig. Jetzt denke ich mir etwas aus,
was in Ordnung gebracht werden muss.«
Sie erkundigte sich im Freundeskreis,
welche Probleme die anderen sich ausgesucht hatten.
Eine sagte, sie sei nicht intelligent genug,
und das sei ihr Problem.
Eine andere hielt sich für schwach und gab sich taff.
Die Nächste fand, ihr Körper sei irgendwie nicht richtig.
Und ein Junge war zu dem Schluss gekommen,
er sei irgendwie seltsam und gehöre nirgendwo dazu.

———

Anfangs dachte sie: »Wie schlau, mit ihren Problemen
sind sie wenigstens beschäftigt.«
Sie fragte ihre Freunde: »Macht es euch Spaß,
so zu tun, als wären eure Probleme real?«
Ein Junge sagte: »Wie meinst du das?
Die Probleme sind nicht vorgetäuscht.
Dass ich an mir arbeiten muss, weil ich nicht gut genug bin,
ist eine Tatsache!«

Da dachte sie: »Oje, er macht sich weis,
dass etwas nicht stimmt.
Er täuscht es so gekonnt vor und weiß nicht mehr,
dass es bloß eine Täuschung ist.«
Sie fragte: »Weißt du nicht, dass du immer vollkommen bist,
ganz egal, was du getan hast?
Du hast die Probleme erfunden,
um aus der Problemlösung ein Spiel zu machen.«

Er sah sie ratlos an, er verstand nicht.
Realität und Fälschung waren für ihn
nicht mehr auseinanderzuhalten.
Da wurde ihr klar, dass man bei der Wahl
eines zu erfindenden Problems sehr vorsichtig sein muss.
Lässt man sich nämlich von ihm vereinnahmen,
verbringt man sein ganzes Leben damit.

Sie gelobte, sich niemals Probleme zu suchen,
die zu Hass oder Streit Anlass gaben.

Es kamen nur Probleme infrage, die es wert waren,
ihr Leben dafür einzusetzen.
Sie sah, wie traurig ihre Freunde waren.
Sie hatte keine Zeit zu verlieren:
Dass andere nicht um ihre Vollkommenheit wussten,
nur dieses Problems würde sie sich annehmen.

Such dir also ein Problem aus, das dir so sehr am Herzen liegt, dass es dein ganzes Leben vereinnahmt und dass du lebst und atmest, um kreative Lösungen dafür zu finden. Das Problem soll dir so wichtig sein, dass deine Unsicherheit einfach verschwindet. Oder wie Audre Lorde so treffend schreibt: »Wenn ich es wage, stark zu sein und die Stärke in den Dienst meiner Vision zu stellen, spielt es immer weniger eine Rolle, ob ich Angst habe oder nicht.«

WAS ES MIT UNSICHERHEIT AUF SICH HAT

So sehr wir unsere Unsicherheit auch abzuschütteln versuchen, sie gehört einfach zum Menschsein. Wenn du gar keine Unsicherheiten hast, bist du eher ein Roboter. Wir müssen uns nicht erst von allen Unsicherheiten befreien, bevor wir wieder zu unserer eigenen Kraft finden können. An vielen ist sogar etwas Wahres dran. Doch solange wir mit ihnen auf Kriegsfuß stehen, widersetzen wir uns der Realität und weichen ihnen aus.

Machen wir lieber uns selbst und anderen klar, was Unsicherheit eigentlich ist, damit wir sie realistisch einschätzen können. Unsicherheit dient der Selbsterhaltung. Sie ist wie ein Schwimmkörper, der unsere Identität über Wasser hält. Man kann uns noch so oft versichern, dass wir solche Schwimmhilfen nicht brauchen, solang wir fürchten, dass wir ohne sie untergehen, lassen wir sie nicht los. Tief im Unterbewussten glauben wir einfach, dass wir ohne unsere Unsicherheit nicht auskommen.

Betrachte es einmal so: Das Ego ist für unsere Identität das, was das Immunsystem für unsere Gesundheit ist. Wenn Krankheitskeime in deinen Körper eindringen, dreht dein Immunsystem mächtig auf und stellt zur Abwehr vermehrt weiße Blutkörperchen bereit. Sind die Keime wieder weg, normalisiert sich alles. Aber der Körper besitzt Gedächtniszellen, die diese Keime sofort erkennen, wenn sie wieder einmal auftauchen. Dann kann er ganz schnell Antikörper produzieren, die sich über die Angreifer hermachen und sie ausschalten.

Das Immunsystem besteht aus einem ganzen Netzwerk von Zellen, Geweben und Organen, die zum Schutz des Körpers zusammenwirken. Genauso besteht dein Ego aus einem Netzwerk von Gedanken, Überzeugungen und Ängsten, die zusammen deine Identität schützen. Es wurzelt in der Angst und sein Ziel ist die Selbsterhaltung. Es möchte nichts weiter, als die Überzeugungen über sich selbst bewahren. Es sorgt dafür, dass die Identität gewinnt, sich durchsetzt, vor anderen gut dasteht und in Sicherheit ist. Misserfolg, Ablehnung, peinliche Situationen und Enttäuschungen sind für unsere Identität wie Krankheitskeime. Jetzt läuft das Ego zu seiner vollen Form auf und produziert Glaubenssätze, mit denen es erreichen möchte, dass solche Angriffe auf die Identität nicht wieder vorkommen.

Nehmen wir als Beispiel an, dass jemand mit dir Schluss gemacht hat. Sofort sieht sich das Ego bedroht, weil es meint, dass alles, was passiert, etwas über *dich* aussagt. Es akzeptiert keine Zurückweisung, es möchte sich durchsetzen und Sieger sein. Deshalb produziert es jetzt »Antikörper«, die verhindern sollen, dass dir so etwas noch einmal passiert. Es produziert den Glauben, dass du nichts wert bist. Wenn du *glaubst*, dass du nicht liebenswert bist, so die Überlegung des Egos, wirst du dir nie wieder Hoffnungen machen und ersparst dir weitere Enttäuschungen.

Wie der Körper sich an Krankheitskeime erinnert, die ihn einmal befallen haben, und sogar vorbeugend Antikörper zu unserem Schutz bereitstellt, erkennt das Ego Situationen, die uns früher schon zugesetzt haben, und stellt vorbeugend Glaubenssätze über unsere Unzulänglichkeit bereit, damit wir uns solchen Risiken nicht wieder aussetzen. Deshalb sind alle unsere Unsicherheiten sofort wieder zur Stelle, wenn das Ego eine bekannte Bedrohungssituation identifiziert. Wenn dann wieder mal ein toller Typ daherkommt, taucht sofort dieser Glaubenssatz auf und lässt dich kein Vertrauen zu ihm fassen. Du kommst ihm zuvor: Bevor er auch nur den Mund aufmachen kann, weißt du schon, dass er dich nicht wirklich liebt. Solange du dich für nicht liebenswert hältst, wirst du in diesem Punkt immer recht behalten, und niemandem wird es gelingen, dir das Gegenteil zu beweisen. Man nennt dies eine selbsterfüllende Prophezeiung Du siehst das Leben durch die Brille deiner Überzeugungen und steuerst die Dinge dann so, dass sie sich bewahrheiten. Das Ego setzt sich durch.

Wie du siehst, sind Unsicherheiten einfach Überzeugungen, die Tatenlosigkeit rechtfertigen. Sie erlauben dir nicht offen und verletzlich zu sein und Risiken einzugehen. Unsicherheiten sind wie ein mentaler Schild, der uns vor möglichen Gefahren schützt. Ein Schild ist schwer. So etwas schleppt man nur mit sich herum, wenn man sich davon eine Schutzwirkung verspricht. So schleppen wir auch unsere Unsicherheiten mit uns herum. Sie sollen uns Schutz bieten, sie sollen uns die Ausrede dafür liefern, dass wir den Typen nicht anquatschen, bei einem Theaterstück nicht mitmachen, unser Business nicht aufziehen und nicht sagen, was Sache ist.

Wir klammern uns an diesen Schutz, weil wir glauben, ein Misserfolg würde uns zum Versager stempeln, ein Korb würde unseren Unwert beweisen, eine Niederlage würde sichtbar machen, dass wir ein Loser sind. Aber so ist es nicht. Misserfolg, Korb und Niederlage gehören einfach zum Prozess der Selbstfindung und sind unschätzbar wertvolle Gelegenheiten zu lernen, uns nicht mehr mit der Bestätigung von außen zu identifizieren. Misserfolge sagen nichts über das, was wir sind. Wenn wir einen Korb bekommen, sagt das nichts über das, was wir sind. Und auch eine Niederlage sagt nichts über das, was wir sind. Wir sind trotz allem reines Potenzial, ganz gleich, wie oft wir patzen, verlieren oder zurückgewiesen werden.

Eigentlich gehen wir unseren Träumen nicht nach, um etwas zu erringen und dadurch Bestätigung zu erfahren. Wir gehen ihnen nach, weil sich dabei immer neue Chancen bieten, uns zu entwickeln und herauszufinden, wer wir in Wirklichkeit sind. Misserfolg, Zurückweisung und Niederlagen sind *gut* für uns. Wir wachsen an ihnen. Niemand braucht sie zu fürchten. Wie unser Immunsystem durch die Auseinandersetzung mit immer neuen Krankheitskeimen stärker wird, so nehmen unsere Kräfte mit jedem weiteren Misserfolg zu.

Lass dich nicht durch deine Unsicherheiten davon abhalten, etwas zu riskieren, davon hast du nichts. Ja, unsere Identität bleibt unverletzt, solange wir unsere Deckung nicht verlassen, aber darauf sind wir ja letztlich gar nicht aus. Denn diese geschützte Identität verschafft uns weder Wachstum noch inneren Frieden, noch Zufriedenheit, noch Erfüllung. Sie garantiert uns nicht einmal Sicherheit. Das ist der Unterschied zwischen den Abwehrmechanismen des Egos und unserem Immunsystem: Das Immunsystem hält uns gesund und dient so, anders als das Ego, tatsächlich unserer Sicherheit. Die Abwehrstrategien des Egos geben uns nur das Gefühl, abgeschnitten, missverstanden und irgendwie außen vor zu sein.

Das Ego lässt sich nicht ganz abschütteln. Aber wenn wir erkennen, dass unsere Verunsicherung auf Ängsten beruht, auf scheinbaren Bedrohungen, denen wir keine Macht über uns einräumen müssen, können wir es in den Hintergrund drängen. Wir können unsicher sein und trotzdem zur Sache kommen und es einfach darauf ankommen lassen. Unsicherheit muss dem Handeln nicht entgegenstehen. Wenn wir das begriffen haben, können wir unsere Unsicherheit einfach akzeptieren und unsere Pläne trotzdem in Angriff nehmen. Wir lassen die Angststimme reden, aber wir lassen uns nicht von ihr beherrschen.

Du kannst deinem Körper nicht vorschreiben, keine Antikörper zu produzieren. So kannst du auch deinem Ego nicht vorschreiben, keine Unsicherheiten zu produzieren. Aber du kannst verstehen, warum es das tut. Dann kannst du es geschehen lassen und trotzdem so leben, wie du möchtest. Du brauchst mit deinen Unsicherheiten nicht zu diskutieren, du musst sie weder beseitigen noch reparieren. Unsicherheit gehört zu unserem Menschsein. Wir können sie einfach bejahen, achten und sehen, wozu sie gut ist – um uns dann nicht weiter mit ihr zu befassen, sondern das Leben bei den Hörnern zu packen.

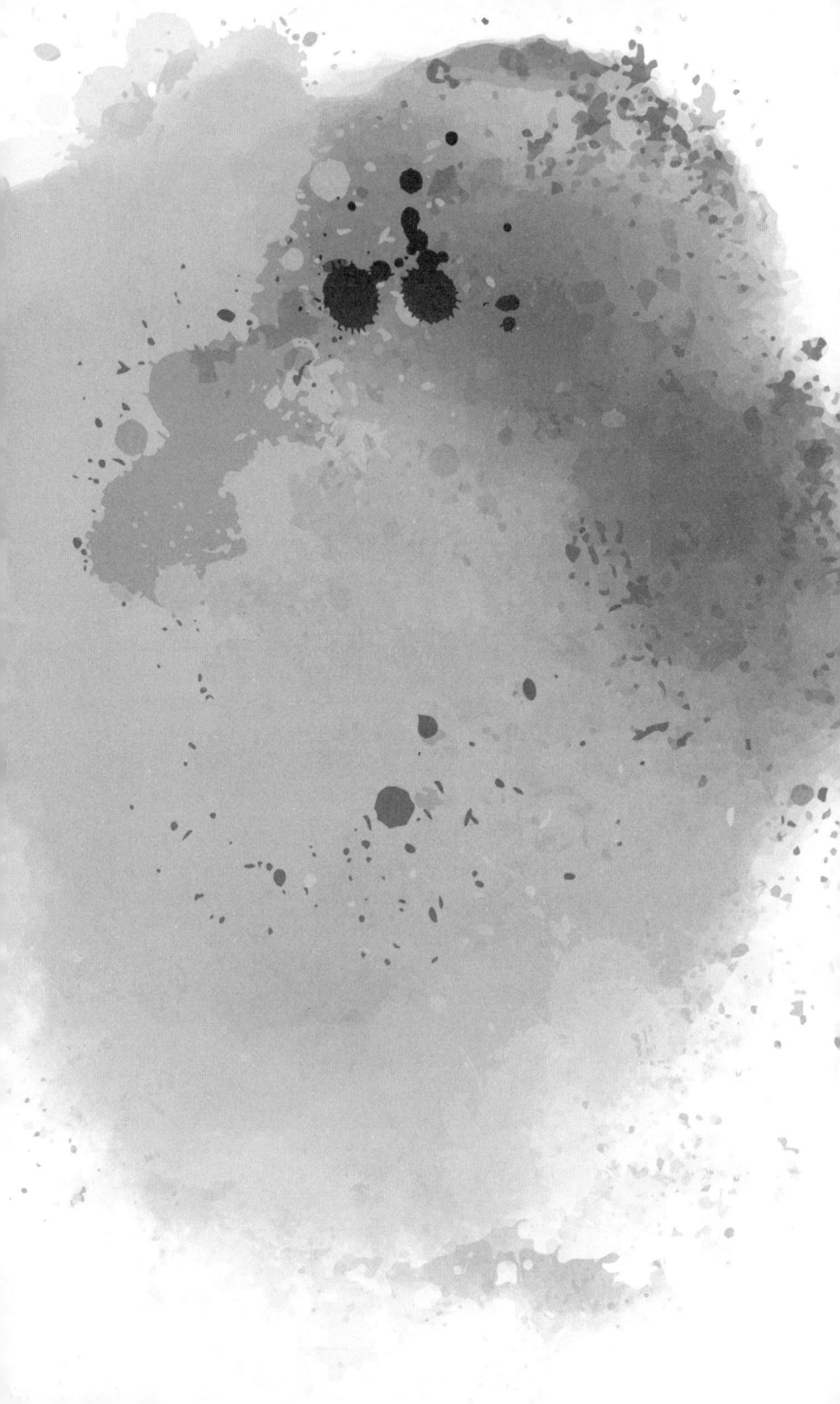

KREATIVITÄT FREISETZEN

Prüfe mal kurz, ob es noch was gibt, was du erreichen musst, um zu beweisen, dass du gut genug bist. Gibt es noch irgendeine Restangst, die sagt, dass du unbedingt noch dies oder jenes erreichen musst, weil die Leute sonst denken, du taugst nichts? Falls es so ist, arbeite Seite 67 bis 94 so lange durch, bis du merkst, dass du nichts mehr zu beweisen hast, dass es dir freisteht, deine Ziele im Bewusstsein deines eigenen Wertes zu wählen.

Wenn du deine nicht wirklich befriedigenden Ziele als das erkennst, was sie sind, nämlich eine Kompensation von Minderwertigkeitsgefühlen, steht es dir frei, sie beizubehalten oder aufzugeben. Jedenfalls hat dich der Leistungszwang nicht länger im Griff. Darum jetzt die große Frage: Wenn du keine aus der Vergangenheit stammenden Unzulänglichkeitsgefühle zu kompensieren hast, was sind dann *deine ganz eigenen Wünsche*? Welche Ziele willst du anstreben? Wenn dir alles offensteht, was möchtest du tun? Leider wissen wir oft nicht mehr, was wir eigentlich wollen. Wir haben unsere Berufung so lange unter Leistungszielen vergraben, dass wir nicht einmal mehr fühlen, was uns wirklich begeistert. Deshalb jetzt eine Übung, die dir wieder bewusst machen soll, was du eigentlich möchtest und was sich unter deinen Leistungszielen verbirgt:

Wenn du alle deine Ziele erreicht hättest, wie würdest du leben, wie würdest du sein, wie würdest du dich fühlen? Nimm dir ein bisschen Zeit für die Antworten. Stell dir bildhaft vor, es wäre alles jetzt schon so. Was du da siehst und wie du dich da erlebst, *das* ist dein Ziel! Wenn du in deiner Vorstellung selbstbewusst genug bist, deine Passion zu leben, ist das dein Ziel. Wenn du gelassen und zufrieden bist, ist das dein Ziel. Es besteht einfach darin, dir all das jetzt gleich zuzugestehen, was du dir bisher durch Leistung verdienen wolltest.

Es gibt zwei Arten von Zielen, Tun-Ziele und Sein-Ziele. Bei Tun-Zielen geht es darum, etwas messbares Äußeres zu erreichen oder zu bewältigen, etwa ein sechsstelliges Jahreseinkommen oder einen 10.000-Meter-Lauf. Sein-Ziele sind innerer Natur – vertrauensvoll oder großzügig sein und dergleichen. Sie sind sofort zu erreichen, jetzt gleich. Sein-Ziele sind nicht von äußeren Umständen abhängig, auch wenn es manchmal so aussieht, als würden die Umstände des Lebens unser Sein bestimmen. Tatsächlich wählen wir selbst, wie wir sind. Wenn wir jedoch keine Verantwortung für unser Fühlen und Handeln übernehmen wollen, geben wir den Umständen die Schuld. Sie tragen aber keine Schuld.

Solange wir glauben, dass die Umstände unser Handeln und Fühlen bestimmen, bilden wir uns ein, wir müssten Leistungen erbringen, um so handeln und uns so fühlen zu können, wie wir gerne möchten. Deshalb wollen wir abnehmen oder eine höhere Position beziehungsweise lauter Bestnoten bekommen. Wir meinen, wir müssten erst Leistung bringen, bevor wir uns besser fühlen können. Aber jetzt weißt du, dass du unabhängig von deinen Leistungen sein kannst, wie du möchtest: Du wählst einfach, wie du sein willst.

Solange wir glauben, dass wir uns erst gut fühlen können, wenn wir unsere Ziele erreicht haben, fühlen wir uns nur ganz selten gut, eigentlich immer nur dann für einen kurzen Moment, wenn ein Ziel erreicht ist. Gleich danach brauchen wir wieder neue Ziele, an denen wir uns abrackern können. Die Erfüllung scheint auf dieser Straße der Leistung immer gleich hinter der nächsten Kurve zu liegen, aber wir erreichen sie nie. Wir kommen nicht wirklich an bei diesem Gefühl, gut genug zu sein. Aber wenn wir uns erst überlegen, wie wir sein und agieren wollen, um im Anschluss ein passendes Ziel zu wählen, können wir auf jeden Fall so sein, ob wir unser Ziel erreichen oder nicht. Dann ist das Ziel für uns einfach eine Gelegenheit, immer wieder zu üben, so zu sein, wie wir sein möchten. Die eigentliche Freude über das Erreichen eines Ziels liegt dann darin, zu verfolgen, wie wir uns auf dem Weg dorthin verändern.

Frag dich also, wie du für andere sein möchtest. Willst du vertrauensvoll, liebevoll, verständnisvoll, kreativ, expressiv, abenteuerlustig, mutig oder inspirierend sein? Schreib ein paar Dinge auf, die dir in den Sinn kommen, und lass dir zu jedem ein Ziel einfallen, das dir wichtig ist und dir so zu sein erlaubt. Angenommen, deine Familie ist dir besonders wichtig und du möchtest liebevoll und verständnisvoll sein. Ein entsprechendes Ziel könnte darin bestehen, dass du offen und aufrichtig mit der Familie kommunizierst. Oder deine Gesundheit bedeutet dir viel, und du möchtest dich kerngesund, vital und lebendig fühlen. Hier könnte dein Ziel in einem gesunden, starken und gut ernährten Körper liegen. Vielleicht liegt dir auch die Kunst am Herzen, und du möchtest deiner kreativen Ader Ausdruck verleihen, dann siehst du dieses Ziel am besten durch die Eröffnung einer Galerie verwirklicht. Wenn dich die Wirtschaft und das Geschäftsleben faszinieren und du hier eine Führungsrolle einnehmen möchtest, die wirklich den Menschen dient, könnte dein Ziel darin bestehen, CEO einer Firma zu sein – vielleicht deiner eigenen Firma!

Dein Ziel soll sich jetzt schon gut für dich anfühlen, das ist ganz wichtig. Seine Verwirklichung wird dich verändern, und darauf freust du dich jetzt schon. Deshalb brauchst du dir auch keine Gedanken zu machen, ob du dein Ziel erreichen wirst oder nicht: Es ist immer dann erreicht, wenn du so bist, wie du sein möchtest, und dich entsprechend fühlst und verhältst. Dein Ziel ist ein Leuchtturm, der dich dorthin leitet, wo du dich so fühlen kannst, wie du dich fühlen willst. Es geht aber nicht in erster Linie darum, dass du dort ankommst. Wichtiger ist, dass du den Kurs immer wieder neu bestimmst und korrigierst, wenn du von ihm abkommst.

Wenn du keine Ziele mehr erreichen musst, um deinen Selbstwert zu sichern, kannst du größere Dinge ins Auge fassen. Von jetzt an bist du frei, selbst Ziele zu wählen, die du nicht unbedingt erreichen musst, weil dein Wert nicht auf dem Spiel steht. Du weißt dann auch: Je größer dein Ziel ist, desto mehr kannst du sein, wie du sein möchtest. Wenn du die Welt gewaltfrei machen möchtest, wirst du das vermutlich nicht in diesem Leben erreichen. Solange du deine Ziele unbedingt erreichen musstest, um dich gut zu fühlen, hättest du dir auf keinen Fall etwas wirklich Großes vorgenommen. Aber wenn klar ist, dass es nichts über dich aussagt, ob du dein Ziel erreichst oder nicht, kannst du endlich ein großes Ziel ins Auge fassen, für das du eine bedeutende Rolle als liebevolle Führungsperson spielen wirst.

Jetzt wird es Zeit, ein paar Ziele zu skizzieren, für die du dich einsetzen würdest, wenn du wüsstest, dass dir alles möglich ist. *Think big!* Und dann notierst du zu jedem Ziel das entsprechende Sein-Ziel. Gib dich nicht mit Fragen der Wahrscheinlichkeit und Machbarkeit ab, sei einfach kreativ. Deine Ziele können ruhig ein bisschen durchgeknallt sein – zum Beispiel dass du alle ausgestorbenen Arten zurückholen oder eine neue Galaxie entdecken wirst. Wichtig ist allein die Freisetzung deiner Kreativität. Wenn dir nichts mehr einfällt, kannst du dich fragen, ob du vielleicht von einem zu begrenzten Bild deiner selbst ausgehst. Erinnere dich, dass du grenzenlos bist. Schreib weiter.

LEG DICH AUF EIN ZIEL FEST

Sieh dir deine Liste an. Das sind die Ziele, die sich dein ungeknebeltes Ich, das Ich, das um deinen natürlichen Wert weiß, wirklich wünscht. Solchen Zielen möchtest du dein Leben widmen. Achte beim Überfliegen der Liste auf Ziele, die etwas in dir zum Klingen bringen, die sagen: »Nimm mich!« Das sind die Ziele, die dir wirklich entsprechen, nur dass du es dir bisher nicht eingestanden hast. Jetzt such dir etwas heraus, das du auch wirklich in Angriff nehmen möchtest.

Nun wird ein Ziel erst durch ein klares Bekenntnis mehr als ein Fantasiegebilde. Deshalb ist es jetzt Zeit, dein Ziel klar zu formulieren und dich darauf festzulegen. Erst wenn du dich ganz auf ein Herz-Ziel einlässt und dich dafür entscheidest, kann es seine Zauberkraft in deinem Leben entfalten. Für jedes deiner gewählten Ziele ergänzt du den folgenden Satz:

Ich erkläre, dass ich _____ bis

_____ erreichen/fertigstellen werde.

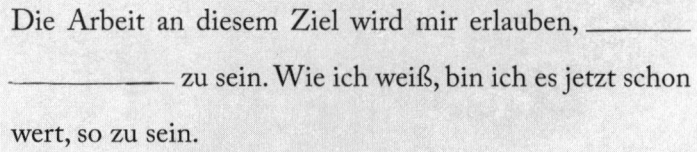

Die Arbeit an diesem Ziel wird mir erlauben, _____

_____ zu sein. Wie ich weiß, bin ich es jetzt schon

wert, so zu sein.

Nun ruf drei Leute an, die dir wichtig sind, um ihnen von deinem Ziel zu erzählen. Sag ihnen, sie sollen darauf bestehen, dass du dranbleibst und es erreichst. Bitte sie, immer wieder nachzuhaken und dir den Rücken zu stärken.

Jetzt vergewissere dich, ob dein Commitment Angst in dir aufkommen lässt. Falls ja, ist das eine erneute Gelegenheit, deine in der Vergangenheit gebundene Kraft zurückzuerobern. Denn diese Angst entspringt ja nur dem Glauben, dass du dich beweisen musst, um als gut genug gelten zu können. Aber das ist abwegig. Du bist bereits gut genug und wirst es immer sein. Wenn du begreifst, dass du deinen Wert nicht mit Leistungen unter Beweis stellen musst, kannst du dich volle Kraft voraus an die Verwirklichung deines Ziels machen. Die Frage deines Werts spielt dabei keine Rolle. Denk daran, dass du dich für die Verfolgung dieses Ziels entscheidest, weil du dich dabei so fühlst, wie du dich fühlen möchtest – und nicht, weil du etwas beweisen musst oder ein Versager bist, wenn es nicht klappt. Ob du dieses Ziel erreichst oder nicht, sagt nichts über dich als Mensch aus, das ist wichtig zu verstehen.

FEHLSCHLÄGE SIND DER WEG ZUM ERFOLG

Mit fünfzehn hat ein Straßenkünstler in Boulder, Colorado, meinem Leben eine ganz neue Wendung gegeben. Mir stand der Mund offen, als ich ihn jonglieren sah, lächelnd, erst mit fünf, dann mit sechs, sieben, acht, neun und schließlich mit *zehn* Bällen. Mir war unbegreiflich, wie so etwas überhaupt menschenmöglich sein konnte, und dann auch noch so scheinbar mühelos. Nach der Vorführung wartete ich ab, bis sich die Menge verlaufen hatte, dann sprach ich ihn an:

»Wie schaffen Sie das? Wie haben Sie es gelernt? Für mich sieht das unmöglich aus.«

»Wenn ich es kann und du nicht, dann gibt es dafür nur einen Grund«, sagte er.

»Und der wäre?«

»Ich war damit einverstanden, die Bälle zehntausendmal wieder aufzusammeln.«

In diesem Augenblick änderte sich mein Verständnis von Erfolg und Misserfolg für immer. Plötzlich war mir klar, dass Misserfolg nicht das Gegenteil von Erfolg ist, sondern vielmehr der Schlüssel zum Erfolg. Mir ging auf, dass niemand mit der Fähigkeit geboren wird, etwas wirklich zu beherrschen. Niemand kommt mit einem Gen zur Welt, das alle Träume wahr werden lässt. Die Erfolgreichen sind nicht unbedingt die Begabtesten, aber sie sind bereit, Fehlschläge über Fehlschläge auf sich zu nehmen. Sie lassen sich darauf ein, so oft zu patzen, wie es nötig ist. Wenn du dich also deinen Herz-Zielen zuwendest, dann achte unbedingt darauf, dass es bei deren Erreichung nicht darum geht, dich zu beweisen, Siege zu erringen oder gut dazustehen. Sobald Versagensangst bei deiner Passion eine Rolle spielt, macht sie keinen Spaß mehr. Dann fühlt es sich wieder so an, als hinge dein Überleben davon ab, dass du mit deiner Leidenschaft erfolgreich bist. Damit setzt du dich nur überzogenem Druck aus. Und wenn es dann auch noch schnell gehen muss mit deinem Erfolg, hast du nicht einmal Zeit für lehrreiche Misserfolge. Außerdem begnügst du dich sozusagen mit drei Bällen beim Jonglieren, damit du sie nur ja nicht fallen lässt und keine schlechte Figur machst. Du drückst dich vor jedem Wagnis und spielst nur Spiele, bei denen du dir Siegeschancen ausrechnest.

Die Ängste lösen sich auf, sobald du Misserfolge anders betrachtest, nämlich als wünschenswert und nicht als etwas, das man nicht zulassen darf. Wenn Misserfolge sein dürfen, bist du nicht vom Ergebnis abhängig und kannst mit vollem Einsatz spielen, verwegen, risikobereit. Wenn das Versagen dich nicht schreckt, eröffnet sich dir eine ganze Welt verschiedener neuer Handlungsmöglichkeiten.

Sieh es einmal so: Ein Erfolg auf fünf Misserfolge, das wäre ein großartiges Ergebnis. Du brauchst also unbedingt Misserfolge! Sieh zu, dass du mehr Misserfolge einheimst als sonst etwas. Statt das Verhältnis so ändern zu wollen, dass Fehlschläge eliminiert werden (was sowieso nicht geht), könntest du doch ruhig noch zehnmal mehr Schlappen einstecken als bisher. Mach das Schiefgehen zu einem Spiel. Das gebe ich vielen meiner Klientinnen mit auf den Weg, und ich bekomme immer wieder zu hören, dass sie dadurch in allen Lebensbereichen sehr viel freier und leistungsfähiger werden.

Unsere Toleranz gegenüber Fehlschlägen macht uns erfolgsbereit. Sie ist ein Muskel, den man konsequent trainieren muss. Du brauchst für dieses Spiel nur die Bereitschaft, auch mal schlecht dazustehen. Wenn du die Herausforderung annimmst, wirst du in den nächsten dreißig Tagen, während derer du an deinem Ziel arbeitest, mitzählen, wie oft dir etwas misslingt – wie oft du abgelehnt wirst, in Verlegenheit gebracht wirst, ein Nein zu hören bekommst, kritisiert oder verurteilt wirst und wieder in Verlegenheit gerätst.

Dein Nahziel: so viele Fehlschläge wie möglich, mehr als je zuvor. Dabei sind Fehlschläge als Zeichen des Erfolgs zu sehen. Wenn dir nichts misslingt, gehst du nicht genügend Risiken ein. Du bringst dich nicht wirklich ein und du entwickelst dich auch nicht weiter.

Leg es also aufs Versagen an. Versagen, versagen, versagen. Und wenn das Versagen gelingt, sieh dir an, was in dir hochkommt. Falls es Unbehagen ist, kannst du dies als weitere Möglichkeit begrüßen, deine persönliche Kraft, die du in dein Erfolgsstreben investiert hast, zurückzugewinnen. Mach dir klar, dass unangenehme Gefühle aufgrund von Fehlschlägen allein mit dem Glauben zu tun haben, dass du nur durch Erfolge ein wertvoller Mensch sein kannst.

Nimm das Unbehagen also zum Anlass, diesen Glauben zu hinterfragen, deine Angststimme in Zweifel zu ziehen und dir selbst erneut zu versichern, dass dein Wert nicht an Bedingungen geknüpft ist. Es wird nicht lange dauern, bis ein Nein dir so viel bedeutet wie ein Hallo. Du wirst merken, dass beide einfach nur Wörter sind. Sie sagen nichts über dich aus. Am Ende wirst du keine Angst mehr vor Misserfolgen haben. Vielleicht wird es sogar so sein, dass du umso mehr Erfolg hast, je mehr du den Misserfolg suchst, einfach weil der Ausgang nicht mehr gar so wichtig ist und du dich nicht mehr unter Druck setzt.

Du stellst dich jedem aufkommenden Unbehagen und bleibst bei deiner Selbstliebe. Dadurch wächst sie und das Gefühl wertvoll zu sein, wird immer stärker.

SCHLUSS MIT DEM AUFSCHIEBEN!

Eine der ersten Fragen, die ich den Teilnehmern meiner Coaching-Workshops stelle, lautet: »Woran liegt es, dass ihr derzeit nicht das erreicht, was ihr erreichen möchtet?« Der am häufigsten genannte Grund ist: Aufschieberei. Frage ich nach, weshalb sie die Dinge vor sich herschieben, führen sie entweder ihre Versagensangst an (die du zum Glück inzwischen hinter dir hast) oder sie sagen, sie wollten das, was sie sich vorgenommen haben, einfach nicht machen. Ich frage weiter, weshalb sie etwas tun, was sie nicht tun möchten. Antwort: Weil sie müssen. Aber das ist pure Einbildung. Damit machen sie sich etwas vor und stellen sich selbst ein Bein.

Die Leute reden sich ein, sie müssten etwas tun, was sie nicht wollen. Wenn du ein erwachsener Mensch bist, gibt es nichts, was du tun musst. Alles, selbst die letzte Kleinigkeit, tust du, weil du dich dazu entschlossen hast. Du hast Entscheidungsfreiheit. Solang du nicht in einer Missbrauchsbeziehung lebst, kann dir absolut niemand vorschreiben, was du zu tun hast. Aufschieben heißt ja, dass du etwas verzögerst oder zurückstellst, was du vorhattest. Das wiederum heißt, dass du einstmals einen entsprechenden Entschluss gefasst haben musst. Sicher, an diesem Entschluss haben andere mitgewirkt, aber *du* hast dich nach Abwägung aller Gesichtspunkte dazu entschlossen, diese Sache zu tun.

Wir verschleppen die Dinge, wenn wir in dem Irrglauben gefangen sind, wir würden zu etwas gezwungen, was wir nicht wollen. Deshalb frage ich weiter: »Wer zwingt euch?« Es wird dann eine Weile sondiert und geforscht, aber schließlich können Leute benannt werden, die durch unser Tun vermeintlich zufriedengestellt werden müssen: »Ich muss bei der Arbeit was bringen, damit mein Boss zufrieden ist«, »Ich habe immer das Gefühl, dass ich für meine Eltern gute Noten bekommen muss«. Sobald wir den Eindruck heben, dass jemand etwas von uns verlangt, sind wir sauer und tun es äußerst ungern. Deshalb dient das Aufschieben vielfach dem Zweck, es demjenigen zu zeigen, der uns die Sache, wie wir meinen, aufgebrummt hat. Indem wir zum Beispiel unsere Arbeit verzögern, können wir hinterrücks unserem Chef ordentlich eins reinwürgen, weil er uns zu bestimmten Arbeiten zwingt.

Eigentlich ist das Aufschieben ein Ausdruck unseres Überlebensinstinkts. Wenn wir das Gefühl haben, zu etwas gezwungen zu werden, löst das die Urangst, von anderen beherrscht zu werden, aus. Unsere Verzögerungstaktik dient dann dem Zweck, uns dieser Herrschaft zu entziehen und dem anderen zu bedeuten: »Von dir lasse ich mich zu gar nichts zwingen.« Aber die Bedrohung ist eingebildet. In den meisten Fällen hat uns niemand dazu gezwungen, etwas zu tun. Wir haben uns selbst dazu verpflichtet, sonst hätten wir ja gar nicht damit angefangen. Hätten wir uns von vornherein dagegen entschieden, gäbe es jetzt nichts zu verzögern.

Wenn wir etwas aufschieben, stemmen wir uns gegen etwas, dem wir bereits zugestimmt haben. Und jeder Widerstand kostet Kraft – wie wenn du eine Tür zuzuhalten versuchst, die jemand gerade öffnen will. Es sieht zwar so aus, als würden wir es uns mit dem Aufschieben der Dinge leicht machen, aber eigentlich stellen wir uns gegen unsere eigenen Entscheidungen und vergeuden dadurch mentale Energie. Ändern lässt sich das, indem wir uns klarmachen, dass wir nicht wirklich bedroht sind. Niemand will uns beherrschen. Wir müssen nichts tun, um irgendwen zufriedenzustellen. Wir haben absolut das Recht, auf der Couch zu sitzen und nichts zu tun, bis schließlich die Räumungsklage kommt.

Mit dem Verschleppen der Dinge wird es ein Ende haben, wenn uns wieder einfällt, das wir ja Gründe hatten für die Wahl der Dinge, die wir jetzt vor uns herschieben. Diese Gründe müssen wir uns gezielt in Erinnerung rufen. Denn alles, was wir tun, dient einem größeren Zweck, und wenn wir mit diesem Zweck verbunden sind, zeigt er sich auch in allen unbedeutenden kleinen Verrichtungen. Den Müll nach draußen zu bringen, dient dem Zweck, ein sauberes, hygienisches häusliches Umfeld zu schaffen, in dem wir uns wohlfühlen. Ein Anruf bei Opa ist der Ausdruck unseres Wunsches, mit ihm in Verbindung zu bleiben. Und durch die Erledigung unserer Hausaufgaben befähigen wir uns jedes Mal ein kleines bisschen mehr, in der Welt etwas nach unseren Vorstellungen zu bewegen.

Mach dir bewusst, weshalb du tust, was du tust, damit schließt du dich an die Quelle deiner Inspiration an. Was zu tun ist, sieht dann nicht mehr so schwierig aus, es gibt keinen Grund zum Widerstand mehr. Doch um effektiv zu sein, muss wirklich klar sein, wozu wir uns verpflichtet haben. Wenn wir aufschieben, dann deshalb, weil wir uns nicht wirklich für das entschieden haben, worauf wir uns einlassen wollen. Wir haben uns keine Klarheit darüber verschafft, was wir wirklich wollen und warum wir das wollen, was uns einen Vorwand liefert, einfach herumzutrödeln. Frag dich: In welchem größeren Zusammenhang steht das, was ich vorhabe? Und was inspiriert mich daran?

Wenn du nicht durchhängen willst, hast du jetzt zwei Möglichkeiten: Entweder du gestehst dir ein, dass du für dein

Vorhaben doch nicht so viel Engagement aufbringen möchtest, wie du dachtest, und brichst das Projekt ab. Oder du führst dir deine Gründe vor Augen, richtest dich neu aus und *ziehst es durch*. Beschäftige dich nicht mit dem, was dich davon abhält, die Sache zu Ende zu bringen, sondern bleib bei dem, *was du erreichen möchtest*. Dann fühlst du dich nicht mehr gewaltsam von hinten geschoben, sondern wirst von deiner eigenen Begeisterung gezogen. Schwimm nicht flussaufwärts, wenn du nicht musst.

DU BIST, WAS DU LIEBST

Herz-Ziele bringen uns mühelos voran. Solche Ziele dienen nicht dazu, Minderwertigkeitsgefühle zu kompensieren. Wir haben einen natürlichen Drang, an ihnen zu arbeiten, und empfinden das nicht als Stress oder Schwerstarbeit. Es ist genau die Arbeit, die wir uns wünschen. Unseren Gaben und Talenten steht nichts im Weg, vor allem nicht der Glaube, dass wir vielleicht irgendwann in der Zukunft gut genug sein werden. Ein Ziel, das einen echten Widerhall in uns findet, verwandelt uns und lässt uns lebendig werden – gleich jetzt und nicht erst, wenn es irgendwann erreicht ist.

Wenn wir auf die Bestätigung von anderen aus sind, tun wir uns schwer, unsere Wahrheit auszusprechen und für das einzutreten, woran wir glauben. Wir verlegen uns darauf, unsere Erfolge nur noch da zu suchen, wo wir mit viel Beifall rechnen können. Solange wir uns keinem Gegenwind und keinen Urteilen anderer aussetzen möchten, solange wir nicht bereit sind, es darauf ankommen zu lassen, dass man uns nicht mag oder sogar hasst, können wir der Welt auch nicht unsere ganz einzigartigen Gaben zur Verfügung stellen.

Menschen wie Mutter Teresa, Gandhi oder Martin Luther King konnten so viel an Veränderung in Gang setzen, weil sie sich von den Möglichkeiten leiten ließen, die sie für die Menschheit sahen. Sie standen sich nicht selbst im Weg, weil es bei ihrer Arbeit nicht um sie ging, sondern um das, was sie für andere erreichen wollten. So besaßen sie die Freiheit, auf eine Vision für die Welt hinzuarbeiten, die sie inspirierte, und sich nicht beirren zu lassen, wenn andere widersprachen, mit Hass reagierten oder sie für verrückt erklärten.

Ich würde auch vermuten, dass sie sich nicht selbst verrückt gemacht haben mit dem Gedanken, die Welt retten oder sich beweisen zu müssen. Sie fühlten sich nicht unwürdig und waren demnach auch nicht bestrebt, ihre Unzulänglichkeit zu vertuschen. Sie jammerten nicht über zu viel Arbeit. Sie waren so unmittelbar eins mit ihrem Herzen, dass einfach klar war, was sie zu tun hatten. Sie waren sich ihres naturgegebenen Wertes zutiefst bewusst, der, wie sie ebenfalls wussten, weder von ihrem Einkommen noch von der Zahl ihrer Anhänger abhing. Es spielte keine Rolle, welchen gesellschaftlichen Status sie hatten und ob sie in die Geschichte eingehen würden. So konnten sie Liebe schenken, ohne im Gegenzug Anerkennung dafür zu erwarten.

Wer seinen natürlichen Wert kennt, der weiß auch, dass alle Menschen in gleicher Weise Respekt, Liebe, Wertschätzung, Akzeptanz und Vergebung verdienen. Unsere Arbeit ist nie getan, denn es gibt immer neue Gelegenheiten zur tätigen Liebe. Alles, was wir tun, bietet eine Chance dazu. Deshalb ist nichts mehr mühsame Arbeit. Ein freier Mensch ist der, in dessen Leben sich alles um Liebe dreht. Besonders kreativ, versiert und leistungsfähig sind oft gerade die Menschen, die es gar nicht eigens darauf anlegen, sondern aus Liebe tun, was sie tun. Wie der Motivationssprecher Kyle Cease sagt: »Du bist das, was du liebst, nicht das, was dich liebt.« Wenn du das begriffen hast, hast du wirklich nichts mehr zu beweisen. Jede Schwierigkeit wird zum Anlass, dich selbst, andere und die Welt mehr zu lieben, mitfühlender, verständnisvoller und bewusster zu werden und dein menschliches Erleben noch tiefer werden zu lassen.

Wie das Reiseziel die Reise rechtfertigt, so sind unsere Lebensziele nur ein Vorwand, um so zu sein und zu fühlen, wie wir das gerne möchten. Der Augenblick, in dem wir die Ziellinie passieren oder unser Gehalt gutgeschrieben wird, vergeht, kaum dass er da ist. Die eigentliche Freude am Erreichen unserer Ziele liegt darin, so zu sein, wie wir sein wollen. Wenn wir also Ziele wählen, die uns das ermöglichen, ist sichergestellt, dass jeder Schritt des Weges uns erfüllt und wir uns nicht einreden, dass mit Zufriedenheit erst beim Erreichen des Ziels gerechnet werden kann.

Wenn wir uns selbst treu sind, haben wir nichts zu beweisen. Dann gibt es kein »um zu …«. Es gibt kein »damit eines Tages …«. Es gibt keine eingebildeten Bedrohungen, denen es auszuweichen oder zu entkommen gilt. Es fühlt sich einfach gut an, Ziele um ihrer selbst willen anzustreben. Wenn wir nichts zu beweisen haben, ist das Verfolgen unserer Ziele ein Spiel, das nichts über uns aussagt. Wir spielen, weil es schön ist zu spielen. Und wir nehmen das Spiel nicht allzu ernst, weil wir wissen, dass Gewinnen und Verlieren nichts über uns aussagen.

Es hat etwas von der Szene in *Der Zauberer von Oz*, in der Glinda am Ende der Heimreise auf dem gelben Ziegelsteinweg zu Dorothy sagt, dass sie eigentlich schon die ganze Zeit hätte heimkehren können. Sie hatte lediglich gedacht, sie müsse vor der Heimreise all diese Abenteuer bestehen. Sie hatte nicht gewusst, dass es so einfach ist. Für dich gilt das auch: Du kannst gleich jetzt bei deiner Wahrheit ankommen. Warte nicht darauf, dass du dein Fernziel erreichst, dazu kommt es vielleicht nicht.

Wer du auch immer sein möchtest und was du erreichen möchtest, eigentlich genügt dafür bereits das, was du jetzt bist. Wenn du Perfektion anstrebst, um dich zu beweisen, handelst du dir nur Enttäuschungen ein und vergeudest kostbare Zeit, in der du das tun könntest, worauf es wirklich ankommt. Versuch nicht länger, dich zu beweisen oder in Ordnung zu bringen. Es gibt jetzt für dich nichts weiter zu tun, als zu lieben.

Und vergiss nicht: Wenn im Zusammenhang mit einem Ziel Stress aufkommt, ist das deine innere Alarmglocke, die dir sagt, dass sich da wieder alte Zweifel an deinem Wert melden und du vergessen hast, wer du bist. Stress erinnert dich daran, dass du einer Geschichte über dich Glauben schenkst, die einfach nicht stimmt, und dass du deine Kraft an etwas abgibst, das außerhalb deiner selbst liegt. Sei also dankbar, wenn du dir bezüglich eines deiner Ziele Stress machst. Das ist nämlich eine wunderbare Gelegenheit, deine in Äußerlichkeiten gebundene Kraft zu dir zurückzuholen. Es ruft dir in Erinnerung, wer du bist: reines Potenzial mit grenzenloser Schöpferkraft.

Du kannst Ziele aller Art wählen, weshalb also nicht Ziele, die sich gut anfühlen, dich begeistern und herausfordern und dir erlauben, etwas für das große Ganze zu tun? Immer wenn du dir ein Ziel setzt, entwirfst du für dich ein Spiel, das dir Gelegenheit gibt, mehr so zu sein, wie du sein möchtest. Ein Spiel, bei dem man mühelos gewinnt, ist langweilig. Interessant sind Spiele, bei denen es um viel geht und bei denen viel schiefgehen kann. Denk dir also Spiele aus, bei denen du mit hoher Wahrscheinlichkeit auch mal auf die Nase fällst und dann aus dieser Erfahrung etwas lernen kannst. Erfinde ein Spiel, das dich an deine Grenzen bringt und dich über die Person hinauswachsen lässt, als die du dich bisher kennst. Deine Ziele sind nicht bindend oder verpflichtend. Du musst nichts erreichen. Du hast *absolut nichts* zu beweisen. Ziele geben dir lediglich die Möglichkeit, mehr von dem zu erfahren, was du wirklich bist.

ZUSATZMATERIAL

Meine Website (www.brandilyntebo.com) ergänzt dieses Buch mit zahlreichen Videos, dem »Achievement Trap Podcast«, der Interviews mit Unternehmern und Unternehmerinnen bietet, die sich von ihrem Herzen leiten lassen, sowie mit Arbeitsblättern, Artikeln und mehr zu meiner persönlichen Geschichte, Mission und Arbeit.